101 DEUTSCHE ORTE, DIE MAN GESEHEN HABEN MUSS

Bernd Imgrund

101 DEUTSCHE ORTE, DIE MAN GESEHEN HABEN MUSS

Dank:
Wir möchten Hejo Emons vom Emons Verlag danken, dass wir das erfolgreiche Buchkonzept der „111 Orte" übernehmen durften.

Bibliografische Information der Deutschen Nationalbibliothek
Die Deutsche Nationalbibliothek verzeichnet diese Publikation in der Deutschen Nationalbibliografie; detaillierte bibliografische Daten sind im Internet über http://dnb.d-nb.de abrufbar.

Das Werk ist in allen seinen Teilen urheberrechtlich geschützt. Jede Verwertung ist ohne Zustimmung des Verlages unzulässig. Das gilt insbesondere für Vervielfältigungen, Übersetzungen, Mikroverfilmungen und die Einspeicherung in und Verarbeitung durch elektronische Systeme.

Umschlaggestaltung: Stefan Schmid, Stuttgart, unter Verwendung einer Abbildung von Martin Magunia / Haus der Geschichte der Bundesrepublik Deutschland.

© 2012 Konrad Theiss Verlag GmbH
Alle Rechte vorbehalten
Lektorat: Ulrike Burgi, Köln
Satz und Gestaltung: Kai Twelbeck, Stuttgart, sojusdesign.de
Druck und Bindung: Grafisches Centrum Cuno, Calbe
ISBN 978-3-8062-2467-2

Elektronisch ist folgende Ausgabe erhältlich:
eBook (PDF): 978-3-8062-2636-2

Besuchen Sie uns im Internet **www.theiss.de**

VORWORT

Froh...
... bin ich, dass es dieses Buch gibt, einen Kompass durch die offensichtlichen, die versteckten, die schönen und auch einige nicht ganz so schöne Örtlichkeiten Deutschlands.

Stolz...
... bin ich – nein, nein, nicht, ein Deutscher zu sein. Stolz bin ich vielmehr, weil ich direkt nachgeschaut habe, an wie vielen der 101 Orte in Imgrunds Buch ich schon gewesen bin. Ergebnis der Streber-Recherche: Fünfzig Orte kenne ich, dort war ich schon. Fünfzig ist genau die Hälfte von 101. Bin ich jetzt schon ein halber Deutscher?

Naheliegend...
... ist, dass ich sakrale Monumente wie das Phantasialand und den heimatlichen Vergnügungspark Kölner Dom kenne. Auch die Porta Nigra in der Stadt meiner Vorväter und die Völklinger Hütte in meiner neuen Heimat, dem Saarland, sind natürlich Pflicht.

Glücklich...
... bin ich, dass ich so viel wandere, denn Wandern bildet, führt einen an neue Lokalitäten heran. An Rhein und Mosel habe ich die Burg Eltz, die Loreley und den Limes auf Wanderwegen entdeckt. Und auch die Burg Hohenzollern, das Hambacher Schloss und die Saarschleife haben gemeinsam, dass sie in traumhaften Naturlandschaften liegen. Ich erobere wie Arminius den Teutoburger Wald im Westen, Bastei, Brocken und Spreewald im Osten. Wanderer, kommst du nach Deutschland, dann kannst du was erleben.

Unverzeihlich...

... bis zur Peinlichkeit ist, dass ich so viele wichtige/bedeutende/klassische Orte Deutschlands noch nicht gesehen habe. Kyffhäuser, Wartburg, Sanssouci und die Paulskirche zu kennen, müsste eigentlich zum Pflichtprogramm eines jeden Deutschland-Connaisseurs gehören.

Neidisch...

... bin ich auf den Autor Bernd Imgrund, dass dieser tatsächlich die Ehre und Freude hatte, alle 101 Orte zu bereisen und in Augenschein zu nehmen. Ich stelle mir vor, wie er die Bamberger Altstadt von oben eroberte, sich am Roten Kliff die steife Brise um die Ohren blasen ließ und auf der Gorch Fock eine Kadettenausbildung machte.

Ehrgeizig...

... bin ich naturgemäß, möglichst schnell alle 51 fehlenden Orte zu bereisen und zu erkunden. Die 101-Orte-in-Deutschland-Sammlung komplett zu machen, das ist mein Ziel. Ich hätte dann (fast) alles in Deutschland gesehen, dieses Land in seiner unglaublichen Vielfalt, die man sich immer wieder klar machen muss, erfasst. Aber bevor es so weit ist, kann ich ja immer wieder in dem vorliegenden Buch blättern, mit den wichtigsten, den aufregendsten, den unverzichtbarsten 101 Orten Deutschlands.

Manuel Andrack, Februar 2012

INHALT

101 deutsche Orte, die man gesehen haben muss

01	**DER AACHENER DOM**	16
	Die Könige der Printenstadt	
02	**DAS ADENAUER-HAUS**	18
	Boccia mit dem Bundeskanzler	
03	**DIE ALLIANZ ARENA**	20
	Mehr als ein Fußballstadion	
04	**DIE ÄLTESTEN DEUTSCHEN BÄUME**	22
	Die Linde, die Buche, die Eiche und die Eibe	
05	**DAS ATOMMÜLLLAGER VON GORLEBEN**	24
	Widerstand im Wendland	
06	**DIE AUTOSTADT**	26
	Wolfsburg und der VW-Konzern	
07	**DIE BAMBERGER ALTSTADT**	28
	Mittelalter von oben bis unten	
08	**DIE BASTEI**	30
	Westernstimmung in der Sächsischen Schweiz	
09	**DAS BAUHAUS**	32
	Zeitlose Eleganz zwischen Weimar und Dessau	
10	**BAUTZEN II**	34
	Vom Modellversuch zum Stasi-Knast	
11	**DAS BRANDENBURGER TOR**	36
	Die „Retourkutsche" vom Pariser Platz	
12	**DER BROCKEN**	38
	Orgien auf dem Blocksberg	

13	**DIE BURG ELTZ**	40

Nie zerstört in 850 Jahren

14	**DIE BURG HOHENZOLLERN**	42

An der Wiege der Preußen

15	**CHECKPOINT CHARLIE**	44

Ein Grenzposten mitten in Berlin

16	**DAS DEUTSCHE ECK**	46

Der Kaiser, die Festung, zwei Flüsse

17	**DER DEUTSCHE MICHEL**	48

Nationalfigur, Schlafmütze und Armer Poet

18	**DAS DEUTSCHE MUSEUM FÜR KARIKATUR ...**	50

... und Zeichenkunst Wilhelm Busch

19	**DIE DOCUMENTA**	52

Moderne Kunst in Kassel

20	**DIE DOKUMENTATION OBERSALZBERG**	54

Berghof und Führermythos

21	**DIE DONAUQUELLE(N)**	56

Wenn zwei sich streiten (freut sich der Reisende)

22	**DER EISERNE VORHANG**	58

Inhuman, neurotisch, tragikomisch

23	**FARINA GEGENÜBER**	60

Ein Duft aus Limette, Bergamotte und Petitgrain

24	**DIE FEENGROTTEN VON SAALFELD**	62

Vom Alaunbergwerk zum Märchendom

25	**DIE FRAUENKIRCHE**	64

Ruine, Mahnmal und Symbol der Versöhnung

26	**DER FÜRST-PÜCKLER-PARK**	66

Gartenkunst in Bad Muskau

27	**DAS GERMANISCHE NATIONALMUSEUM**	68

Schamanenhüte, Hammerklaviere und Dürers Lehrer

28	**DIE GORCH FOCK I UND II**	70
	Windjammern in schwierigen Wassern	
29	**DIE GRUBE MESSEL**	72
	Ölschiefer und die „Morgenröte der Säugetiere"	
30	**DER GRÜNE HÜGEL**	74
	Das Festspielhaus des Richard Wagner	
31	**GUBEN/GUBIN**	76
	Ein deutsch-polnischer Brückenschlag	
32	**DER GUTENBERG-PFAD**	78
	Die Erfindung des Herrn Gensfleisch	
33	**HAITHABU**	80
	Die Wikinger vom Haddebyer Noor	
34	**DIE HALLERTAU**	82
	Galgengärten im Hopfenland	
35	**DAS HAMBACHER SCHLOSS**	84
	Freiheitlich in Schwarz-Rot-Gold	
36	**DAS HAUS DER GESCHICHTE ...**	86
	... der Bundesrepublik Deutschland	
37	**DAS HEIDELBERGER SCHLOSS**	88
	Romantisch-ruinöse Renaissance am Neckar	
38	**DIE HIMMELSSCHEIBE VON NEBRA**	90
	Das Geheimnis der Goldenen Barke	
39	**DIE HÖCHSTEN DEUTSCHEN WASSERFÄLLE**	92
	„Bäche stürzen – Brunnen quellen"	
40	**DAS HOFBRÄUHAUS**	94
	Oans, zwoa, g´suffa!	
41	**DAS HOLSTENTOR**	96
	Der schiefe Turm von Lübeck	
42	**DIE KAISERBÄDER VON USEDOM**	98
	Bansin – Heringsdorf – Ahlbeck	

43 DIE KARL-MAY-ORTE **100**
Von Hohenstein-Ernstthal nach Radebeul

44 DER KÖLNER DOM **102**
Dreikönigsschrein, Richter-Fenster und der Dicke Pitter

45 DER KÖNIGSSTUHL **104**
Der weiße Riese von Rügen

46 DER KYFFHÄUSER **106**
Kaiser Rotbart und die Raben

47 DAS KZ BUCHENWALD **108**
Gedenkstätte für den Holocaust

48 DIE LANGE ANNA **110**
Das gefährdete Wahrzeichen von Helgoland

49 DER LIMES **112**
Eine antike Grenze vom Rhein bis zur Donau

50 DIE LORELEY **114**
Romantischer Rhein – gefährliche Nixe

51 DIE LUTHER-STÄDTE **116**
Von Eisleben nach Wittenberg

52 MAINHATTAN **118**
Die Stadt der Wolkenkratzer

53 DAS MARINE-EHRENMAL **120**
Totengedenken an der Kieler Förde

54 MEISSENER PORZELLAN **122**
Das Weiße Gold aus Sachsen

55 DER MÜRITZ-NATIONALPARK **124**
Moore, Adler und Hochspannung

56 DIE MUSEUMSINSEL **126**
Mit Nofretete an der Spree

57 DAS NEANDERTAL **128**
Die Schlucht an der Düssel und ihre Bewohner

| 58 | **NEUSCHWANSTEIN** | 130 |

Das Traumreich des Märchenkönigs

| 59 | **DIE NIBELUNGEN** | 132 |

Von Xanten über den Drachenfels nach Worms

| 60 | **DIE NIKOLAIKIRCHE** | 134 |

Der Anfang vom Ende der DDR

| 61 | **DER NÜRBURGRING** | 136 |

Die „Grüne Hölle" in der Eifel

| 62 | **DIE PARTNACHKLAMM** | 138 |

Sprudelnd und strudelnd, sich stauend und stürzend

| 63 | **DIE PAULSKIRCHE** | 140 |

Das „Haus aller Deutschen"

| 64 | **DAS PHANTASIALAND** | 142 |

Deutschlands ältester Vergnügungspark

| 65 | **DIE PHILIPPS-UNIVERSITÄT** | 144 |

Die älteste protestantische Alma Mater der Welt

| 66 | **DIE PORTA NIGRA** | 146 |

Alt, älter, Trier

| 67 | **QUEDLINBURG** | 148 |

Fachwerkbauten aus sechs Jahrhunderten

| 68 | **DIE RATHÄUSER DES WESTFÄLISCHEN FRIEDENS** | 150 |

Münster, Osnabrück und der Dreißigjährige Krieg

| 69 | **DIE REEPERBAHN** | 152 |

Die „sündigste Meile der Welt"

| 70 | **DER REICHSTAG** | 154 |

Vom Affenhaus zum Bundestag

| 71 | **DER ROLAND** | 156 |

Die Freiheitsstatue der Hansestadt Bremen

| 72 | **DAS ROTE HAUS** | 158 |

Weiches Wasser, strahlende Farben, edles Tuch

73	**DAS ROTE KLIFF**	**160**
	Sisyphusarbeit auf Sylt	
74	**ROTHENBURG OB DER TAUBER**	**162**
	Krumm, schief und verwunschen	
75	**DIE SAARSCHLEIFE**	**164**
	Ein extrem symmetrischer Umweg	
76	**DIE SALINE**	**166**
	Reich an Hall – Bad Reichenhall	
77	**SANSSOUCI**	**168**
	Vom Rebenstrunk zur deutschen Knolle	
78	**DIE SCHILLERHÖHE**	**170**
	Literarische Gedächtnisarbeit in Marbach	
79	**DIE SCHWEBEBAHN**	**172**
	Der eiserne Drachen von Wuppertal	
80	**DAS SCHWERINER SCHLOSS**	**174**
	Terrakotta, Damast und kanadischer Vogelahorn	
81	**DIE SPEICHERSTADT**	**176**
	Ein Freihafen für den Überseehandel	
82	**DAS SPIELKARTENMUSEUM**	**178**
	Altenburg und die Wiege des Skat	
83	**DER SPREEWALD**	**180**
	Sorben im Sumpfgebiet	
84	**STAMMHEIM UND ZUFFENHAUSEN**	**182**
	... oder: Die RAF und der Porsche	
85	**DIE STEINERNE BRÜCKE**	**184**
	Bruckmandl und Donaustrudel	
86	**DER TEUTOBURGER WALD**	**186**
	Hermann und die Varusschlacht	
87	**DIE VENUS VOM HOHLE FELS**	**188**
	Die älteste Menschendarstellung der Welt	

88 DER VIKTUALIENMARKT ... **190**
Manukahonig und Schweinshaxen

89 DIE VILLA HÜGEL ... **192**
Hart wie Kruppstahl – das war einmal

90 DIE VÖLKLINGER HÜTTE ... **194**
Ein endzeitliches Labyrinth aus Stahl und Beton

91 DIE WALHALLA ... **196**
Ein Teutonentempel hoch über der Donau

92 DIE WARTBURG ... **198**
Walther, Martin und die Studenten

93 WEIMAR ... **200**
Fürstliche Toleranz, verschwenderischer Glanz

94 DIE WEINSTRASSE ... **202**
1 800 Sonnenstunden für den Rebensaft

95 DER WESTWALL ... **204**
„Vom Denkmalwert des Unerfreulichen"

96 DIE WISMARER ALTSTADT ... **206**
Hansestadt und Backsteingotik

97 DIE WÜRZBURGER RESIDENZ ... **208**
Fresken, Spiegel und Kaminschirme

98 DIE ZECHE ZOLLVEREIN ... **210**
Ein Denkmal für das Schwarze Gold

99 DAS ZEPPELINFELD ... **212**
Löwenzahn auf dem Reichsparteitagsgelände

100 DIE ZUGSPITZE ... **214**
Deutschlands höchster Gipfel

101 DER ZWINGER ... **216**
Glockenklang und Alte Meister

101 deutsche Orte, die man gesehen haben muss

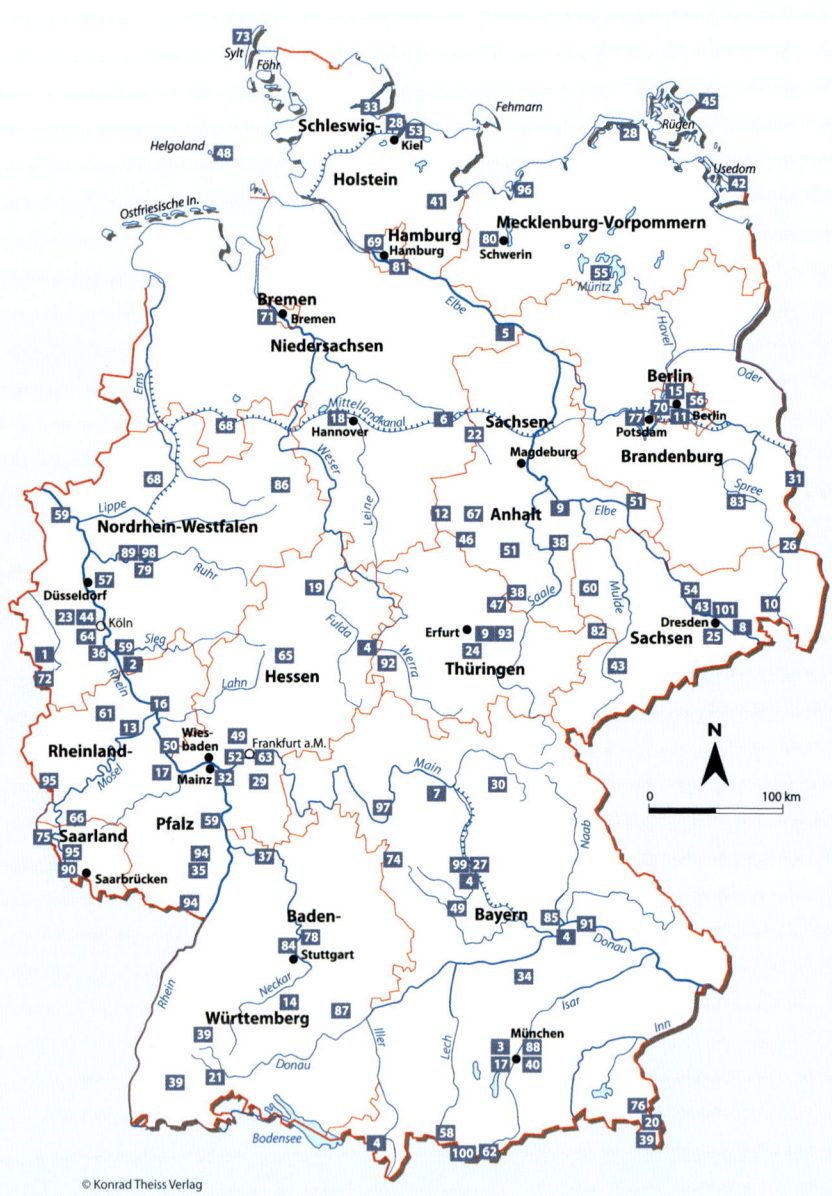

VORWORT DES AUTORS

Kennen Sie die Walhalla bei Regensburg? Wissen Sie, was es mit diesem seltsamen Tempel über der Donau eigentlich auf sich hat? Und woher stammen die Roland-Statuen, deren berühmteste in Bremen auf dem Marktplatz steht?

101 deutsche Orte versammelt dieses Buch, es sollen die schönsten beziehungsweise wichtigsten des Landes sein. Viele davon trägt man zwar im historischen Ranzen, hat sie aber noch nie gesehen. Warum gelangte ein hessisches Ölschieferloch als „Grube Messel" auf die Liste des UNESCO-Welterbes? Und wo wurde ursprünglich jenes „Eau de Cologne" genannte Parfum destilliert, dessen weltweiter Bekanntheitsgrad höchstens noch von den großen deutschen Automarken überboten wird?

Dieses Kompendium ersetzt keinen detaillierten Reiseführer, sondern ist vielmehr als Lesebuch gedacht, das zum (Neu-)Entdecken und Weiterforschen verleiten soll. Mich selbst trug es quer durchs Land, von der Langen Anna zur Loreley, durch die Porta Nigra ins Neandertal, über den Grünen Hügel zum Kyffhäuser und an die verschiedensten Grenzen. Gen Osten zum Beispiel in den Doppel-Ort Guben/Gubin, der stellvertretend für die gewachsenen Bindungen zum polnischen Nachbarn steht. Gen Norden bis nach Haithabu, der einst mächtigsten Wikinger-Siedlung Europas. Und auch nach oben hin, in der Vertikalen, führte die Reise bis ans Ende der Republik: Morgens um 10 Uhr auf der Zugspitze, eine Maß in der Hand und die Luft so dünn wie weit der Blick, das war schon ein außergewöhnliches Erlebnis.

Die Auswahl der Orte musste naturgemäß subjektiv ausfallen. Ob etwa der Nürburgring historisch bedeutender als der Sachsen- und Hockenheimring sei, darüber ließe sich streiten. Dass jedoch der Berliner Reichstag, das Schloss Neuschwanstein und die Himmelsscheibe von Nebra hier hineingehören, wird niemand anzweifeln. 101 deutsche Orte, das sind 101 Ziele für zukünftige Exkursionen. In diesem Sinne: Gute Reise!

01 DER AACHENER DOM
Die Könige der Printenstadt

Den schönsten Blick auf diese historisch bedeutende Kathedrale genießt man vom Treppenaufgang des Rathauses aus. Durch dessen große Panoramafenster erschließt sich zugleich auch, dass beide Bauten ursprünglich zu einem architektonischen Ensemble gehörten. Denn vom Dom bis zum rückwärtigen Rathaus erstreckte sich jener Komplex, den Karl der Große (747–814) als kaiserliche Pfalz hatte errichten lassen.

Heutzutage ist seine Kathedrale wie kaum eine andere in das Stadtbild integriert. Keine fünf Schritte von den steinalten Mauern entfernt beginnen die ersten Häuserzeilen, ein Umstand, der den Aachener Dom auf sympathische Weise erdet. Im Innern besticht zunächst einmal die überaus prächtige Ausstattung: Allein die Schmuckstücke der Heinrich II.-Kanzel (1012) – darunter so Seltsames wie orientalische Schachfiguren, halbnackte Tänzerinnen und eine achatene Untertasse – sind ein Vermögen wert. Direkt dahinter, im „Glashaus" genannten Chor, findet sich auf hohem Podest der goldene Karlsschrein. Die dort lagernden Gebeine gehörten zu einem Mann, der für seine Zeit außergewöhnlich alt geworden und groß gewachsen war (geschätzte 2,04 m) – zwei starke Indizien für die Echtheit der Knochen.

Ganz in Karls Zeichen steht auch das nur im Rahmen von Führungen zu besichtigende Obergeschoss. Dort nämlich findet sich der Thron des Kaisers, ein ob seiner Schlichtheit außerordentlich beeindruckendes Möbel. Fünf elfenbeinerne Platten wurden dafür mittels eiserner Bänder zu Lehnen und Sitz zusammengeführt, ohne auch nur eine einzige Verzierung, einen einzigen Schnörkel zuzulassen. Warum? Weil dieses Krönungsgeschenk des Papstes einst in Jerusalem im Einsatz und deshalb in seiner Heiligkeit unantastbar war.

Es war Otto I., der sich im Jahr 936 als erster Thronfolger in Aachen zum deutschen König krönen ließ. Das Ritual in der Printenstadt überstand fast 600 Jahre und war stets das Gleiche: Nach dem Zeremoniell zog man vom Dom in den Krönungssaal des heutigen Rathauses. Und dort wurde dann auf den neuen Regenten zünftig angestoßen.

ADRESSE: 52062 Aachen, Klosterplatz 2, ➔ *www.aachendom.de* **ÖFFNUNGSZEITEN:** Jan.–März 7–18, April–Dez. 7–19 Uhr **TIPP:** Hinter dem Rathaus steht auf dem weiten Aachener Markt der Karlsbrunnen, der einen Blick wert ist. Die Einheimischen nennen ihn scherzhaft auch die Eäzekomp (= Schüssel aus Erz, aber auch: Erbsenschüssel).

02 DAS ADENAUER-HAUS
Boccia mit dem Bundeskanzler

Das Adenauer-Haus in Rhöndorf sollte man nicht verwechseln mit dem gleichnamigen in Berlin (der CDU-Parteizentrale) oder dem Hauptsitz der Konrad-Adenauer-Stiftung in St. Augustin. Denn in Rhöndorf über dem Rhein hat der Ex-Bundeskanzler nicht regiert, sondern gewohnt. Seinem Bedürfnis gemäß wurde hier sogar nicht einmal dann über Politik geredet, wenn Charles de Gaulle oder ein anderer ausländischer Staatsgast zu Besuch war.

Adenauer war 1935, erst mit 59 Jahren also, hier hinter Bonn gezogen, und dies nicht freiwillig. Die Nazis hatten ihn nach 16 Jahren als Kölner Bürgermeister zunächst aus dem Amt und dann aus der Stadt gejagt. So wohl er sich die nächsten 32 Jahre in Rhöndorf auch fühlte, blieb er doch bis zum letzten Atemzug Kölner. Das Haus steckt voller Kölner Erinnerungsstücke, und Bonn, die neue Nachkriegshauptstadt, war ihm lediglich wegen ihrer Nähe zum Dom sympathisch.

Nun muss allerdings erwähnt werden, dass die Adenauers hier nicht so ganz schlecht wohnten. Haus und Garten erstrecken sich beinahe komplett über einen sehr repräsentativen Steilhang zum Rhein hin, in den zwecks ebenen Wohnens und Spazierens acht Terrassen gearbeitet wurden. Das Haus offeriert eindrucksvolle Blicke über den Fluss zum Rolandsbogen und gen Norden zum Drachenfels (s. S. 132). Inspiriert von der Landschaft seines Urlaubsortes am Comer See, ließ sich Adenauer eine italienische Gartenwelt anlegen, in der vor allem die zahlreichen Rosenbeete auffallen. Der alte Bundeskanzler liebte diese Blumen, betätigte sich aber nicht als Züchter, wie oft fälschlicherweise behauptet wird. Seiner größten Leidenschaft widmete er auch den größten zusammenhängenden Platz dieser Terrassenanlage. Nordöstlich über dem Wohnhaus stößt der Besucher auf einen zunächst befremdlichen, länglichen Ascheplatz, der bis heute sportlich gepflegt wirkt. Planiert wurde er einst für jenes Spiel, das Adenauer jeden Tag nach seinem Job als Kanzler zum Abschalten brauchte: Boccia. Und weil er nicht selten erst im Dunkeln heimkam, steht hier oben sogar eine schön geschwungene Straßenlaterne.

ADRESSE: 53604 Bad Honnef-Rhöndorf, Konrad-Adenauer-Straße 8c, ➔ *www.adenauerhaus.de* **ÖFFNUNGSZEITEN:** Mai–Sept. Di–So 10–18, Okt.–April 10–16.30 Uhr **TIPP:** Dem Wohnhaus vorgelagert ist die Verwaltung der Stiftung Bundeskanzler-Adenauer-Haus. Auf drei Ebenen präsentiert sie eine Dauerausstellung mit vielen privaten Exponaten zum Leben des Ex-Kanzlers.

03 DIE ALLIANZ ARENA
Mehr als ein Fußballstadion

Irgendwann während jeder Tour wird der Stadionführer sagen: „So, und bei 3 rufen wir alle mal kräftig ´Tooor´!" Seines Erfolgs kann er gewiss sein, der Guide, denn diese Arena hat es nun wirklich in sich. 20 Leutchen brechen in künstlichen Torjubel aus, der Schrei jagt durchs Oval und fällt als ohrenbetäubender Krach auf sie zurück. Und das waren nur 20 Kehlen, wie gesagt! Sich allein vorzustellen, wie hier ein echter Treffer gefeiert wird, verursacht Gänsehaut.

69 901 Menschen passen in die Allianz Arena, Deutschlands modernstes und sicherlich spektakulärstes Fußballstadion. Neben allen technischen Finessen und der stupenden Akustik ist es vor allem die Optik, die das Stadion so außergewöhnlich macht. Schon vor der Fertigstellung 2005 geisterten Computeranimationen der illuminierten Arena durch den Blätterwald und sorgten für Aufsehen. Von außen betrachtet erinnert die Haut des Stadions an ein gigantisches Luftkissen oder einen Wabenring. Tatsächlich setzt er sich aus 2 760 transparenten ETFE-Folienkissen zusammen – das Kürzel steht für Ethylen-Tetrafluorethylen. Die hauchdünne Folie wird mit herkömmlichen Leuchtstoffröhren bestrahlt, die das Stadion bei Abendspielen in ein Raumschiff verwandeln. Rot steht dabei für den FC Bayern, Blau für 1860 München und Weiß für sonstige Spiele wie etwa die der deutschen Nationalmannschaft.

Der Vorteil einer Führung gegenüber einem Matchbesuch: Sie ist preiswerter und man gelangt in Räume, die der herkömmliche Fan nie zu Gesicht bekommt. Mancher Besucher mag scharf auf den VIP-Bereich sein, aber vor allem die jüngeren Fußballfans zieht es zuvörderst in die Bayern-Umkleide. Und dabei könnte gerade diese unauffälliger nicht sein. Die FCB-Stars verstauen ihre Klamotten in Spinden, wie sie jeder Schichtarbeiter kennt. Im Grunde wirkt dieser Raum zugleich ernüchternd und erleichternd: Mein Gott, wie gewöhnlich angesichts all dieses Brimboriums da draußen, sagt man sich. Aber zugleich auch: Na klar, Fußball ist und bleibt ein Spiel für wilde Jungs, die danach schmutzig und verschwitzt unter der Dusche stehen.

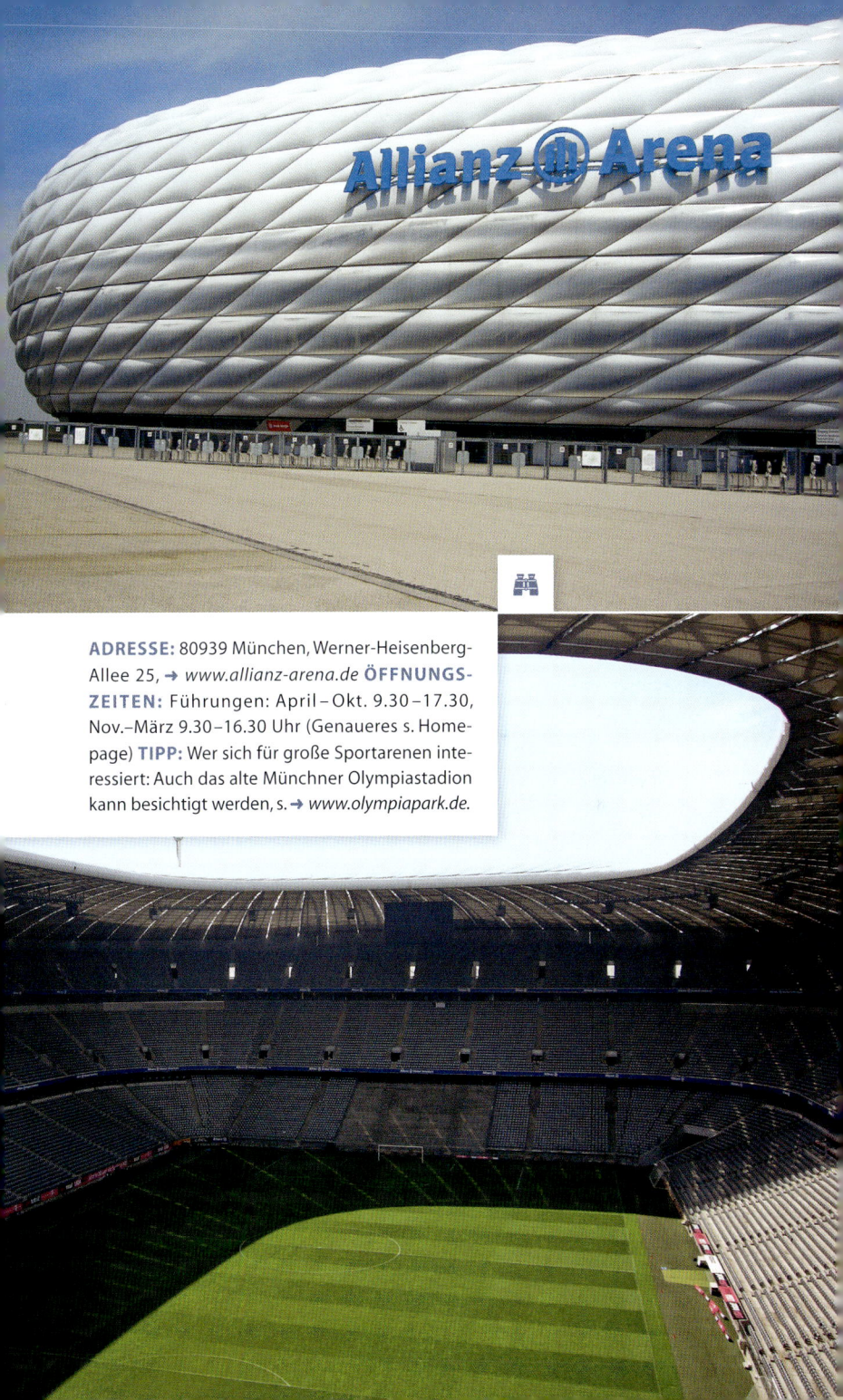

ADRESSE: 80939 München, Werner-Heisenberg-Allee 25, ➜ *www.allianz-arena.de* **ÖFFNUNGSZEITEN:** Führungen: April – Okt. 9.30 – 17.30, Nov. – März 9.30 – 16.30 Uhr (Genaueres s. Homepage) **TIPP:** Wer sich für große Sportarenen interessiert: Auch das alte Münchner Olympiastadion kann besichtigt werden, s. ➜ *www.olympiapark.de.*

04 DIE ÄLTESTEN DEUTSCHEN BÄUME
Die Linde, die Buche, die Eiche und die Eibe

Von alten Bäumen geht eine eigentümliche Faszination aus. Sie stehen für Kraft, für Würde und nicht zuletzt auch geografisch oft im Zentrum einer Gemeinde. In vielen deutschen Orten dominiert noch heute die Dorflinde den Platz zwischen Kirche und Gastwirtschaft, so auch in Effeltrich.

Die Tanzlinde, wie sie vor Ort genannt wird, diente in alter Zeit als Gerichtsstätte des Dorfes. Außerdem wurden ihre senkrechten Triebe über Jahrhunderte zur Bastgewinnung abgeschnitten, was ihr die charakteristische weit-ovale Krone einbrachte. Machtvoll nach oben wuchs hingegen der Eckerbaum von Datterode. Wo die imposante Rotbuche in der Vergangenheit Äste verlor, hat sie geheimnisvolle schwarze Augen herausgebildet, die den Wanderer an ein außerirdisches Wesen denken lassen.

Einen ausgesprochen friedlichen Eindruck macht da vergleichsweise die St.-Wolfgangs-Eiche in Thalmassing. Wenn jemals eine Eiche „knorrig" war, dann dieses Exemplar mit seinem über 10 m Umfang messenden, verwachsenen Stamm. Schon im 10. Jh., so erzählt man sich, habe der heilige Wolfgang unter ihrer Krone gepredigt. Ohne Legende oder schmückenden Beinamen kommt hingegen die Alte Eibe von Balderschwang daher. Manche Quellen dichten ihr ein Alter von 4 000 Jahren an, aber das ist wohl ein wenig übertrieben. Der bescheidene Baum, einziger Überlebender eines früheren Mischwaldes, steht heute einsam am Ortsrand auf einer recht steil abfallenden Alpwiese.

Sämtliche der hier aufgeführten Bäume gehören zu den ältesten Exemplaren Deutschlands. Ob sie wirklich über 1 000 Jahre auf dem Buckel haben, sei dahingestellt. Denn weil ihr Kern verrottet ist, können keine dendrochronologischen Untersuchungen mehr angestellt werden. Aber Jahresringe hin oder her: Sie alle schlagen in jedem Frühjahr aufs Neue aus und entwickeln eine grüne Krone.

Keinen vorderen Platz im Ranking der ältesten Bäume belegt allerdings die Esche. Als Weltenbaum Yggdrasil geistert sie zwar seit unvordenklichen Zeiten durch die germanische Mythologie. Aber tatsächlich erreicht sie nur ein Alter von maximal drei Jahrhunderten.

ADRESSE: *Linde:* 91090 Effeltrich (Oberfranken), *Buche:* 37296 Ringgau-Datterode (Hessen, Werra-Meißner-Kreis), *Eiche:* 93107 Thalmassing (bei Regensburg), *Eibe:* 87538 Balderschwang (Allgäu)

05 DAS ATOMMÜLLLAGER VON GORLEBEN
Widerstand im Wendland

Das Wendland ist ein von sanft-sandigen Böden und Nadelbäumen geprägter Landstrich im Osten der Lüneburger Heide. Oberhalb des kleinen Dorfes Gorleben fließt die Elbe vorbei, die hier lange als Grenzfluss zwischen DDR und BRD fungierte. Dort war, wie man so sagt, „der Hund begraben", und für die meiste Zeit des Jahres gilt dies auch weiterhin. Wer hier unvorbereitet landet, würde niemals vermuten, was sich nur zwei Kilometer südlich des Dorfes mitten im Wald abspielt. Denn Gorleben ist inzwischen zum Zentrum des jahrzehntelangen Widerstands gegen die Atomindustrie mutiert. Mehrere Zufahrten führen von der Lüchower Straße (K2) zu verschiedenen Anlagen, hohe Zäune und ständige Polizeipräsenz verwandeln das Waldidyll in eine Kampfzone.

Im Wendland existiert zwar kein Atomkraftwerk – obwohl auch dies einst geplant war –, aber hier kulminiert die Problematik der atomaren Lagerung. Was geschieht mit jenen strahlenden Abfällen, die ihre vernichtende Wirkung zum Teil für Jahrtausende beibehalten? Niemand weiß darauf eine Antwort, aber es wird danach geforscht. Im Gorlebener Salzstock zum Beispiel. Die Atomlobby und die ihr geneigten Politiker sehen hier seit den ersten Erkundungen des Untergrunds 1979 ein potenzielles „Endlager" für hochradioaktive Abfälle. Schon 1980 begannen die Gegner dieser Pläne mit ersten Aktionen.

Während im Erkundungsbergwerk weiterhin getestet wird, hat das Gorlebener Zwischenlager Konjunktur. Hier warten unter anderem die extrem umstrittenen Castor-Behälter aus der französischen Anlage in La Hague auf ihre weitere Verschiebung. Vor allem ihnen verdankt die deutsche Anti-Atomkraft-Bewegung ihr Wiederaufleben in den 1990er Jahren, deren Erfolge damals bereits einige Zeit zurücklagen.

Ob der Salzstock je als Endlager genutzt werden wird, ist noch nicht abzusehen. Aber womöglich steht ihm eine ähnliche Umwidmung bevor wie dem „Schnellen Brüter" von Kalkar. Wo eigentlich Atome gespalten werden sollten, existiert nun ein Vergnügungspark: Am einstigen Kühlturm hangeln sich keine Besetzer empor, sondern Hobbykletterer.

ADRESSE: 29475 Gorleben. Salzstock und Zwischenlager liegen an der Lüchower Straße (K2) südlich des Dorfes. **TIPP:** Immer auf dem neuesten Stand in Sachen Gorleben und Castor ist die Bürgerinitiative Lüchow-Dannenberg:
➜ *www.bi-luechow-dannenberg.de*. Die Gegenseite, das Bundesamt für Strahlenschutz, informiert unter
➜ *www.bfs.de*.

06 DIE AUTOSTADT
Wolfsburg und der VW-Konzern

Man kann hier essen, trinken und übernachten, Auto fahren und Geld abheben. Man ist stets unter Menschen, der Unterhaltung sind keine Grenzen gesetzt, und auch den Kindern bieten sich zahllose Spielmöglichkeiten. Mit anderen Worten: In der Autostadt könnte man überleben, ohne sie je zu verlassen. Was klingt wie ein Land aus dem berühmten Film „Futureworld" (1976, u.a. mit Yul Brynner), ist in Wirklichkeit ein Wolfsburger Museums- und Erlebnispark. Seit dem Jahr 2000 nennt der Volkswagenkonzern dieses 25 ha große Firmengelände nun „Autostadt", und was seitdem hier entstanden ist, lohnt tatsächlich einen Besuch.

Es ist der Eingang in eine Welt, für die man Eintritt zahlt und vor der man im Zweifelsfall sogar Schlange steht, um eingelassen zu werden. Und was unterscheidet sie von unserer gewohnten? – Im Fokus aller Aktivitäten, Shows und Ausstellungen steht natürlich das Auto, aber das Thema wird hier sehr weit gefasst. Eine der meistbesuchten Abteilungen der Autostadt heißt Level Green und befindet sich im KonzernForum, dem größten und repräsentativsten Gebäude des Geländes. Thema der zugleich aufwendigen und innovativen Dauerausstellung ist die Nachhaltigkeit, und dies in globalem Zusammenhang. Im Stile eines Technikmuseums veranschaulichen hier verschiedene multimediale Installationen etwa den weltweiten Verbrauch von Wasser und das Ungleichgewicht beim transkontinentalen Austausch dieses Rohstoffs.

Neben eigenen Schauhäusern zu den VW-Töchtern Audi, Seat, Skoda und Lamborghini bildet das sogenannte ZeitHaus die größte Attraktion der Autostadt. Hier präsentieren sich auf mehreren Ebenen und edel restauriert die Meilensteine der Automobilgeschichte. Internationale Pioniermodelle wie der Ford T von 1908 fehlen ebenso wenig wie der Horch 830, der 1933 als erste deutsche Luxuskarosse mit V8-Motor vorgestellt wurde. Und weil bei VW das eigene Licht nicht unter den Scheffel gestellt wird, passiert man natürlich auch die beiden erfolgreichsten Dauerbrenner der Firmenhistorie: den VW-Käfer mit seinen 21,5 Mio. verkauften Exemplaren und den Golf, der es noch auf 3,5 Mio. mehr brachte.

ADRESSE: 38440 Wolfsburg, → www.autostadt.de **ÖFFNUNGSZEITEN:** täglich 9–18 Uhr
TIPP: Wem das ZeitHaus zu wenig Gewicht auf VW-eigene Modelle legt, der wird im VW AutoMuseum entschädigt. Hier werden 140 Modelle vom Käfer über den Karmann Ghia bis zum Scirocco und zum Golf präsentiert (→ www.automuseum.volkswagen.de).

07 DIE BAMBERGER ALTSTADT
Mittelalter von oben bis unten

Den Bamberger Reiter gibt es als Briefmarke, er steht im Zentrum eines Mittelalterromans und wird als Schokoladenpreis während der örtlichen Kurzfilmtage verliehen. Die Steinfigur im Bamberger Dom gilt als Wahrzeichen der Stadt, selbst wenn sie heute nicht mehr dasselbe Aufsehen erregt wie einst. Denn der Reiter aus der ersten Hälfte des 13. Jh. war früher einmal bunt. Und weil niemand genau weiß, wofür er steht, nehmen die mystisch-mythischen Deutungen bis heute kein Ende.

In luftiger Höhe am Nordpfeiler des Georgenchors hängt der Reiter, und von oben erobert man am besten auch diese bemerkenswerte Altstadt. Oben – da sind die Mächtigen. Das galt in Bamberg politisch wie geografisch: Direkt neben der hochgelegenen Kathedrale tritt man in die Alte Hofhaltung ein. Das spektakuläre Fachwerkensemble mit seinen bis zu fünf Stockwerken stammt aus dem 15. und 16. Jh. Ursprünglich gegründet als Kaiserpfalz, residierte hier schon bald der Fürstbischof mitsamt seinem Hofstaat.

Allein dieses feudale Runddorf hätte den Titel des Weltkulturerbes verdient, aber noch hat man die Regnitz nicht erreicht. Der Weg hinunter zu diesem trotz zahlreichen Wehren immer noch wilden Flüsschen führt durch eine im architektonischen Kern mittelalterliche Welt. Keine andere deutsche Stadt hat sich ihren Charakter über die Jahrhunderte derart bewahrt wie Bamberg. Höhepunkt eines jeden Besuches: das Alte Rathaus. Wie ein Schiff streckt es sich zwischen Unterer und Oberer Brücke. Und während zwischen den Stegen rokokohafte Fassadenmalerei dominiert, trägt das südlich angebaute Rottmeisterhäuschen (einst Unterkunft der polizeilichen „Rottenführer") ein gotisches Fachwerkkleid.

Ein Rathaus mitten im Wasser, das ist, zumindest in Deutschland, äußerst ungewöhnlich. Wer den Grund dafür sucht, muss wiederum nach oben schauen; denn angeblich lehnte der Bischof es ab, den Bamberger Bürgern Land zur Verfügung zu stellen. Letztere jedoch, nicht auf den Kopf gefallen, setzten ihr Rathaus daraufhin genau an die Grenze seines Grundbesitzes. Und diese hieß Regnitz.

ADRESSE: 96049 Bamberg, ➔ *www.bamberg.de*
ÖFFNUNGSZEITEN: Dom: April–Okt. 9.30–18, Nov.–März 9.30–17 Uhr **TIPP:** Das Alte Rathaus beherbergt die wertvolle Porzellansammlung der Eheleute Irene und Peter Ludwig (Di–So 9.30–16.30 Uhr).

08 DIE BASTEI
Westernstimmung in der Sächsischen Schweiz

Der berühmteste aller Western-Regisseure, John Ford, siedelte seine Filme gern im Monument Valley an. Zwischen den markanten Tafelbergen ritt Fords Lieblingsdarsteller John Wayne beispielsweise für „Stage Coach" und „Der Teufelshauptmann". Hätte Ford das sächsische Elbsandsteingebirge gekannt, wäre er möglicherweise umgeschwenkt, denn die dortigen Erhebungen stehen denen von Utah in nichts nach.

Das Elbsandsteingebirge, auch Sächsische Schweiz genannt, entstand durch Meeresablagerungen vor rund 80 Mio. Jahren. Die losen Sedimente wurden verfestigt, tektonische Verwerfungen und schließlich spätere Erosionen taten ein Übriges, um eine einzigartige Landschaft entstehen zu lassen. Die berühmteste aller Felsformationen ist die Bastei, ein schmales Riff, das über 194 senkrechte Meter zur Elbe hin abfällt. Die Plattform über dem Fluss offeriert dramatische Ausblicke: Wie gichtige, versteinerte Finger ragen die benachbarte Kleine Gans, der Kasper oder die Wehltürme in den Himmel.

Über die Basteibrücke erreicht man heutzutage die museal aufbereiteten Überreste der ehemaligen Felsenburg Neurathen. Die seit dem 13. Jh. nachgewiesene Befestigung lag an einer Nahtstelle zwischen slawischer und deutscher Siedlungsgeschichte. Das Viadukt führt über die sogenannte Mardertelle, eine 50 m tiefe Schlucht, zum Burgtor. Früher bestand die Brücke aus Holz und konnte im Ernstfall zerstört werden, um die anstürmenden Feinde in die Tiefe zu reißen. Im 16. Jh. begann die Felsenburg zu verfallen, von ihrer Existenz zeugen heute unter anderem noch die Zisterne und einige aus dem Fels gehauene Räume. 1822 ließ sich Caspar David Friedrich von einem Bastei-Spaziergang zu seinem Gemälde „Felsenpartie im Elbsandsteingebirge" inspirieren. Wilder Osten statt Wilder Westen, dennoch wurden die Landschaftsbilder des deutschen Romantikers oft genug mit den Filmen John Fords in Verbindung gebracht. Und um das Maß vollzumachen: Nur wenige Kilometer von hier, in Radebeul, wurde Deutschlands Pendant zu John Wayne geboren: Karl May alias Old Shatterhand (s. S. 100).

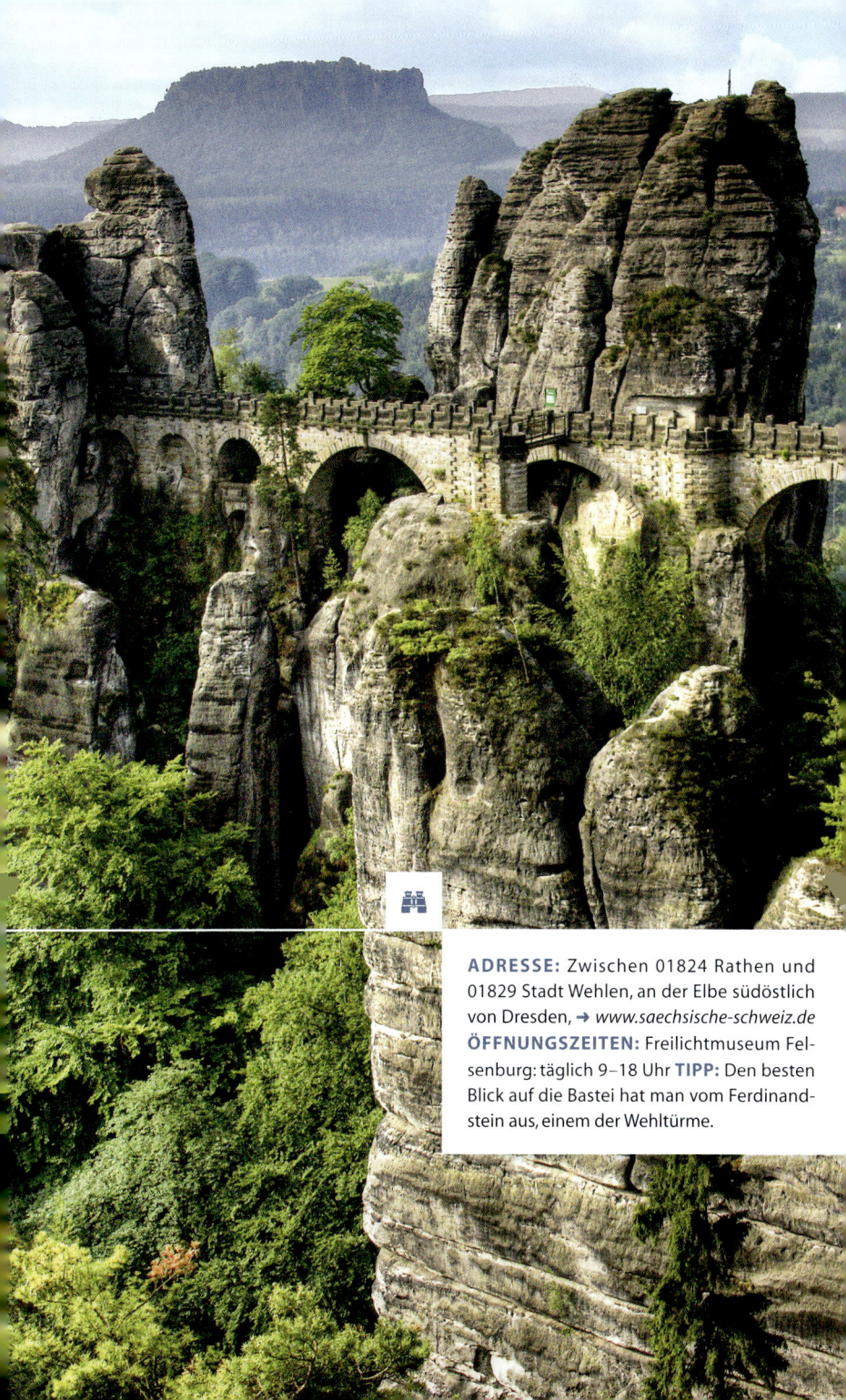

ADRESSE: Zwischen 01824 Rathen und 01829 Stadt Wehlen, an der Elbe südöstlich von Dresden, → www.saechsische-schweiz.de
ÖFFNUNGSZEITEN: Freilichtmuseum Felsenburg: täglich 9–18 Uhr **TIPP:** Den besten Blick auf die Bastei hat man vom Ferdinandstein aus, einem der Wehltürme.

09 DAS BAUHAUS
Zeitlose Eleganz zwischen Weimar und Dessau

Am Bauhaus gab es keine normalen Professoren und Studenten, sondern Meister, Gesellen und Lehrlinge. Künstler sind Handwerker im Sinne des Wortes, so lautete das Credo von Walter Gropius, der die Schule im Jahr 1919 gründete. Und ähnlich schnörkellos ging man dann auch zu Werke. Bauhaus-Möbel, Alltagsaccessoires und Häuser sind von edelschlichter Eleganz, außergewöhnliche Zeugnisse einer Ära, die ansonsten zwischen Jugendstil, Neogotik und bald auch dem klassizistischen Pomp der Nazis hin- und hersprang.

Stilbildend bis heute wirken die sogenannten Meisterhäuser von Dessau. Hier wohnten, wie der Name schon sagt, die Meister der Schule: Koryphäen wie Paul Klee, Wassily Kandinsky, Oskar Schlemmer, Lyonel Feininger und natürlich Gropius selbst. Nachdem sie zu DDR-Zeiten reichlich heruntergekommen waren, präsentieren sich die weißen Doppelhäuser inzwischen wieder originalgetreu renoviert. Das zur Besichtigung freigegebene Haus Feininger stammt, wie die anderen, von 1926, dem Jahr, in dem auch das eigentliche Akademiegebäude, das „Bauhaus", in Dessau eröffnet wurde. Gropius und Kollegen hatten hier im Jahr zuvor eine neue Heimat gefunden, nachdem sie aus Weimar vertrieben worden waren. Politische Anfeindungen von rechts und daraus resultierende Etatkürzungen hatten den weiteren Verbleib unmöglich gemacht. Dessau hingegen wurde seinerzeit sozialdemokratisch regiert, und so waren der Schule hier weitere sieben Jahre vergönnt, bevor die Nazis ihr ein Ende machten.

Absurderweise sahen sich die Bauhäusler hier wie dort dem Vorwurf des Modernismus ausgesetzt. Von heute aus betrachtet stellt man hingegen fest, dass die Qualität dieser Werke gerade in ihrer von jeder Modewelle unberührten Zeitlosigkeit liegt. Das Feininger-Haus in Dessau wirkt mit seinen hellen Räumen und klaren Formen ganz so, als sei es gerade gestern schlüsselfertig geworden. Dass man sich hier in einem fast neunzig Jahre alten Gebäude befindet, erschließt sich dem Besucher lediglich anhand einiger weniger überholter Details: siehe etwa die eher barocken, angelaufenen Wasserhähne.

ADRESSE: Bauhaus: 06846 Dessau-Roßlau, Gropiusallee 38, → *www.bauhaus-dessau.de*; Meisterhaus: 06846 Dessau-Roßlau, Ebertallee 63, → *www.meisterhaeuser.de*; Bauhaus-Museum: 99423 Weimar, Theaterplatz, → *www.das-bauhaus-kommt.de* **ÖFFNUNGSZEITEN:** Bauhaus, Meisterhaus u. Bauhaus-Museum: täglich 10–18 Uhr **TIPP:** Ein stimmungsvolles Bild der zeitgenössischen Atmosphäre am Bauhaus vermittelt das überdimensionale Foto im Eingangsbereich des Weimarer Museums.

10 BAUTZEN II
Vom Modellversuch zum Stasi-Knast

Das Bautzener Gefängnis liegt inmitten eines alten Villenviertels – hier mäht jemand seinen Rasen, dort wird eine Tür gestrichen. Bautzen II entstand 1906 als Gerichtsgefängnis und unter der Prämisse eines humanistischen Strafvollzugs. Was sich in der Weimarer Republik noch liberaler weiterentwickelte, erfuhr unter den Nazis eine Kehrtwende. In Bautzen wurden politische Gefangene weggeschlossen.

Nach 1945 in Händen des sowjetischen Geheimdienstes, fiel die Anstalt 1950 an die DDR. Durch eine Geheimtür, das sogenannte Schlupftor, hatte die Staatssicherheit (Stasi) ungehinderten Zugang zum Gebäude, das weiterhin Regimekritiker, angebliche Spione und Fluchthelfer beherbergte. Vor allem in den Mangeljahren nach dem Zweiten Weltkrieg, das belegen Berichte von Ehemaligen, herrschten in Bautzen katastrophale Verhältnisse, die zahlreichen Insassen das Leben kosteten.

Während Bautzen I bis heute als Justizvollzugsanstalt genutzt wird, dient der ehemalige Stasi-Knast inzwischen als Gedenkstätte für die Opfer von Unrechtsjustiz. Viele der alten Zellen können betreten werden und präsentieren Dokumente zur Historie des Ortes. Dazu gehören etwa in winziger Schrift auf Zigarettenpapier verfasste Kassiber, die in die Henkel von Einkaufsbeuteln eingenäht waren. Hintergrund: Offiziell war jedem Gefangenen nur ein kurzer Brief pro Monat erlaubt, der zudem selbstverständlich zensiert wurde. So beeindruckend wie trostlos sind auch die Mitschnitte von Gesprächen, in denen Stasi-Offiziere versuchen, Gefangene als Spitzel anzuwerben. Obwohl sämtliche Räume verwanzt waren und somit jegliches Gespräch belauscht werden konnte, setzte man seitens des Geheimdienstes auf zusätzliche Zellenberichte. Rund 10 % der in Bautzen Inhaftierten arbeiteten so der Staatssicherheit zu.

In die Freiheit entlassen wurden sie, wie auch sämtliche anderen Bautzener, bereits im Dezember 1989. Somit endete ihre Gefängniszeit noch vor der offiziellen Wiedervereinigung Deutschlands. Und 1992 dann setzte das neue sächsische Justizministerium einen Schlussstrich: Bautzen II wurde – für immer? – geschlossen.

ADRESSE: 02609 Bautzen, Weigangstraße 8a, → *www.gedenkstaette-bautzen.de* **ÖFFNUNGSZEITEN:** Di–Do 10–16, Fr 10–20, Sa u. So 10–18 Uhr **TIPP:** Die Gräberstätte Karnickelberg an der Talstraße (direkt neben der heutigen JVA Bautzen I) gedenkt der Toten des sowjetischen Speziallagers aus den Jahren 1945–49.

11 DAS BRANDENBURGER TOR
Die „Retourkutsche" vom Pariser Platz

Wer hier am falschen Tag erscheint, den fegt der Wind hinfort, der den weiten Pariser Platz durchrauscht. Und eine echte Sehenswürdigkeit im Sinne des Wortes besucht er hier auch nicht. Das Brandenburger Tor sieht zwar ziemlich griechisch aus, ist aber in Wirklichkeit ein Produkt des preußischen Klassizismus. Friedrich Wilhelm II. hatte die barocken Vorlieben seines Onkels, Friedrichs des Großen, hinter sich gelassen und sich stattdessen der Antike zugewandt. Als monumentalen Abschluss des Prachtboulevards Unter den Linden hatte der König ein Tor ähnlich den Propyläen im Sinn, die den heiligen Bezirk der Athener Akropolis abschirmen. Und so entstand 1788–91 ein 26 m hoher, 65 m breiter und elf Meter tiefer Sandsteinriegel auf dorischen Säulen.

Was das Brandenburger Tor dennoch zu einem touristischen „Muss" macht, ist sein symbolischer Gehalt. Vor allem das 20. Jh. sah das Bauwerk nicht selten im Zentrum historischer Umwälzungen, die alle keineswegs zufällig dort zelebriert wurden. So marschierte hier am 30. Januar 1933 ein Fackelzug der SA hindurch, um die nationalsozialistische „Machtergreifung" zu feiern. Mit dem Bau der Berliner Mauer ab 1961 stand das Tor plötzlich einsam und verlassen im Sperrgebiet. „Open this gate!", „Tear down that wall!" forderte der US-Präsident Ronald Reagan zum Abschluss seiner berühmten Rede vom 12. Juni 1987 mit Blick auf Mauer und Tor. Und zwei Jahre später war es dann bekanntlich so weit: Die Mauer fiel, das Tor ging auf, Deutschland war wieder vereint.

Nur die Hälfte wert wäre das Brandenburger Tor ohne seine krönende Quadriga: Siegesgöttin Viktoria jagt, von vier Rossen gezogen, mit einem Streitwagen in die Stadt hinein. Mit ihr verbindet sich auch der früheste nationale Tor-Triumph: Napoleon hatte das „Viergespann" 1806 nach dem Sieg über die Preußen bei Jena und Auerstedt nach Paris bringen lassen. Aber schon 1814 gelangte die heldenhafte Wagenlenkerin mit den Truppen Blüchers und unter dem Jubel der Bevölkerung zurück in die Hauptstadt. Und darum trägt dieses Kunstwerk im Berliner Volksmund auch noch einen zweiten Namen: die Retourkutsche.

ADRESSE: 10117 Berlin, Pariser Platz, → *www.berlin.de/orte/sehenswuerdigkeiten/ brandenburger-tor* **TIPP:** Bei einem Gang Unter den Linden passiert man u. a. die Deutsche Staatsoper und das Kronprinzenpalais, bevor man linker Hand zur Museumsinsel (s. S. 126) gelangt.

12 DER BROCKEN
Orgien auf dem Blocksberg

„Viele Steine, müde Beine, Aussicht keine, Heinrich Heine." – Der Spruch, der angeblich 1824 ins Gipfelbuch fand, stammt nicht wirklich von Heine. Aber er trifft ins Schwarze, oder besser: ins Graue. Denn rund 300 Tage im Jahr liegt die Brockenkuppe in der Nebelsuppe. Das sollte niemanden davon abhalten, diese mit 1 142 m höchste Erhebung des Harzes zu erklimmen. Aber die widrigen Wetterbedingungen mögen mit ein Grund dafür gewesen sein, dass der Brocken zu allen Zeiten mehr war als nur ein Berg aus Stein, Erde und Bäumen.

Schließlich kennt man ihn noch unter einem zweiten Namen: Blocksberg. Und als dieser ist er in die Mythen-, genauer in die Zauberwelt eingegangen. Alljährlich zur Walpurgisnacht, vom 30. April auf den 1. Mai, feiern hier die Hexen eine wilde Party zu Ehren des Teufels. Urängste und Sehnsüchte, reale Restriktionen und sexuelle Fantasien gehen bei der Ausschmückung des Festes Hand in Hand. So wurden in den unseligen Hexenprozessen der frühen Neuzeit tatsächlich zahllose Opfer beschuldigt, zum Hexensabbat auf dem Blocksberg geweilt zu haben. Die berühmteste poetische Umsetzung des Themas stammt hingegen von Johann Wolfgang von Goethe: Im „Faust" steigt der gleichnamige Doktor mit Mephistopheles bergan und wird zu einem frivolen Tänzchen verführt, bevor ihn – auf die Lust folgt der Frust – eine Erscheinung des toten Gretchens gehörig aus dem Tritt bringt.

Wären Faust und sein pferdefüßiger Kumpan nach 1899 hier aufgekreuzt, sie hätten es leichter gehabt. In jenem Jahr nämlich wurde die Brockenbahn eingeweiht. Über 400 Höhenmeter bewältigt die nostalgische Schmalspurbahn allein auf den 14 Kilometern zwischen dem letzten Halt in Schierke und dem Bergplateau. Wer möchte, kann jedoch bereits im doppelt so tief gelegenen Wernigerode zusteigen. Der Blick aus dem Fenster bietet spannende Harzpanoramen und zuweilen gruselige Abgründe. Zur Bergseite hin stehen die Fichten allezeit unter dem Dampf der schnaufenden Lokomotive. Aber einmal angefixt, mag man diesen Qualm auch für den schwefligen Atem des Leibhaftigen halten.

ADRESSE: Brockenbahn: 38855 Wernigerode, Friedrichstraße 151, → www.hsb-wr.de **ÖFFNUNGSZEITEN:** Die Brockenbahn verkehrt im Sommer zwischen 7.30 u. 18.30 Uhr (Genaueres s. Homepage) **TIPP:** Im Brockenhaus, der ehemaligen „Stasi-Moschee" auf dem Gipfel, informiert eine Ausstellung über Geschichten, Mythen und Wetterkapriolen rund um den Blocksberg (9.30–17 Uhr).

13 DIE BURG ELTZ
Nie zerstört in 850 Jahren

Im Speisesaal, direkt hinter der großen Tafel, prangt die derbe Visage eines Schelms an der Wand. Hier darf jeder offen sprechen, heißt das, in diesen vier Wänden herrscht „Narrenfreiheit". Der Große Saal, wie der Raum auch genannt wird, bildet das Zentrum der überaus verschachtelten Burg. Gleich drei Eltz-Söhne bauten hier parallel an ihrem Stammsitz. Jede Linie hatte ihre eigenen Bedürfnisse und architektonischen Vorlieben. Aber im Großen Saal kamen sie alle, die Kempenichs, die Rübenachs und die Rodendorfs, zusammen und sprachen sich aus.

Einzigartig in der Region ist der bauliche Zustand der Burg: Sie wurde in ihrer 850-jährigen Geschichte niemals zerstört. Und das will etwas heißen in der Eifel, die immerhin den Grenzraum der einstigen Erzfeinde Deutschland und Frankreich bildet. Nahe am Abgrund stand die Burg in den Jahren 1688/89, als die Franzosen wieder einmal an den Rhein vorrückten. Louis XIV., der selbstherrliche Sonnenkönig, war in den Pfälzischen Erbfolgekrieg involviert, und auf dem Rückmarsch brandschatzten seine Truppen alles, was nicht niet- und nagelfest war. Zahllose Burgen von der Eifel über den Hunsrück bis zur Pfalz wurden geschleift, die Burg Eltz entging der Katastrophe nur durch eine glückliche Fügung. Auch diese hatte allerdings einen militärischen Hintergrund. Denn mit Hans Anton zu Eltz-Üttingen stand ein Spross der Familie als ranghoher Offizier im Dienste der Franzosen.

Ihm verdanken somit auch die heute in der 33. Generation regierenden Burgherren den außerordentlichen Reichtum der Innenausstattung. Die Wände schmücken flämische Tapisserien aus dem 16. Jh. oder auch mal ein echter Cranach. Zur luxuriösen Einrichtung der 100 Zimmer zählen allein 40 Feuerstellen, hier in der Osteifel musste niemand frieren. Und auch zum Abort hatte man es nicht weit. 20 kleine Toilettenräume standen den Bewohnern zur Verfügung. Stets an einem Fenster installiert, waren sie immer gut durchlüftet. Und weil Pumpsysteme in dieser Höhe dann doch zu aufwendig gewesen wären, bediente man sich bei der Spülung des Regenwassers.

ADRESSE: 56294 Münstermaifeld, Burg Eltz, → *www.burg-eltz.de* **ÖFFNUNGSZEITEN:** 1. April–1. Nov. 9.30–17.30 Uhr **TIPP:** Die Burg Eltz (Foto) bildet ein touristisch attraktives Dreieck mit dem Deutschen Eck und dem Loreley-Felsen (s. S. 46 u. 114).

14 DIE BURG HOHENZOLLERN
An der Wiege der Preußen

Der 855 m hohe Zollerberg regiert die Region heute noch optisch so, wie es einst das dort residierende Herrschergeschlecht in politischer Hinsicht tat. Schon Kilometer vorher rückt die Burg in den Blick des Reisenden. Vom Parkplatz zur schweren Zugbrücke sind es dann allerdings noch einmal 15 bis 30 Minuten Fußmarsch, je nachdem, wie durchtrainiert man sich an den extrem steilen Anstieg macht. Dass sich diese Anlage präsentiert, als hätte man hier gerade gestern Richtfest gefeiert, verdankt sie einer sentimentalen Aufwallung des preußischen Kronprinzen Friedrich Wilhelm. Der spätere König hatte dem Stammsitz seiner Ahnen im Juli 1819 einen Besuch abgestattet. Die Ruine rührte den 23-Jährigen, er beschloss, sich so bald wie möglich an den Wiederaufbau dieses familiären Erbstücks zu machen. Und so entstand zwischen 1850 und 1867 ein spitztürmiger Traum der Neogotik.

Das von der schwäbischen Alb stammende Geschlecht der Hohenzollern ist seit dem 11. Jh. urkundlich belegt. Schon bald darauf begann der gesellschaftliche Aufstieg im Heiligen Römischen Reich. Ab 1701 dann stellte man den preußischen König und zwischen 1871 und 1918 auch den Deutschen Kaiser. Auf dem Zollerberg befindet man sich mithin an der Wiege des Deutschen Reiches, aufs Engste verknüpft mit der wechselhaften Geschichte des 20. Jh. bis hin zur Gegenwart.

Wirklich mittelalterlich sind auf der Burg nur noch Teile der katholischen St.-Michaels-Kapelle. Weil das Geschlecht neben einem katholischen auch einen reformierten Zweig ausbildete, bekam dieser ebenfalls sein Gotteshaus. Bis 1991 ruhten dort die Gebeine Friedrichs des Großen (des „Alten Fritz"), bis sie im Zuge der deutschen Wiedervereinigung nach Potsdam überführt wurden (s. S. 168). Neben den nur im Rahmen von Führungen zu besichtigenden Prunkräumen empfiehlt sich ein Abstieg in die 2004 freigelegten Kasematten. Hier lässt sich studieren, wie die Maurer eine erste Steinreihe auf den nackten Fels platzierten. Aber Achtung: Wem hier eine weißgewandete Frau begegnet, der sollte Reißaus nehmen! Denn diese bedeutet Unglück!

ADRESSE: 72379 Burg Hohenzollern, ➜ *www.burg-hohenzollern.com*
ÖFFNUNGSZEITEN: 16. März – Okt. 9 – 16.30, Nov. – 15. März 10 – 16.30 Uhr
TIPP: Eine Autostunde in nordöstlicher Richtung liegt mit dem Hohenstaufen ein weiterer deutscher Kaiserberg (➜ *www.goeppingen.de*).

15 CHECKPOINT CHARLIE
Ein Grenzposten mitten in Berlin

Die kleine Grenzbaracke auf dem Mittelstreifen der Friedrichstraße ist kein Original. Ein wenig verloren wirkt sie heute zwischen Großstadtverkehr, Kommerzbunkern und Pressehäusern. Andererseits steht der einstige Diplomatenübergang wie kein anderer Ort als Symbol für die Teilung der alten und neuen Hauptstadt. Nicht nur war er Schauplatz spektakulärer Fluchtversuche – geglückter und tragisch misslungener. Sondern genau hier schien auch für einen kurzen historischen Moment der Dritte Weltkrieg auszubrechen. Am 27. Oktober 1961 war das, Panzer aus den USA und der UDSSR standen sich gefechtsbereit gegenüber. Die Bilder gingen um die Welt, verbreiteten Angst. Und tatsächlich weiß man heute, dass die Kommandeure beider Seiten den Befehl hatten, notfalls loszuschlagen.

Zwei Jahre danach eröffnete der Historiker Rainer Hildebrandt das Mauermuseum am Checkpoint Charlie. Belebt, geradezu vollgestopft wirken diese Räume, so, als seien die Bewohner nur kurz außer Haus. Die Geschichte des Mauerbaus wird hier ganz im Sinne des Wortes sehr „dicht" präsentiert, sie rückt dem Besucher spürbar nah. Beklemmende Höhepunkte eines Rundgangs: Fluchtautos, deren Menschenverstecke kaum zu erahnen sind, und die Wand für Peter Fechter, der ganz hier in der Nähe 1962 angeschossen verblutete.

Hildebrandt hatte seine Sammlung ursprünglich an der Bernauer Straße präsentiert, die über ihre volle Länge die Grenze bildete. Dort findet man heute das „Dokumentationszentrum Berliner Mauer" samt dem längsten noch erhaltenen Mauerstück. Noch immer beeindruckt die betonierte Starre dieser grotesken Konstruktion. Wer hier den Aussichtsturm erklimmt, bekommt einen veritablen Eindruck davon, was es heißt, solch einen gigantischen Mauerring mitten durch eine gewachsene Großstadt zu ziehen. Um einigermaßen die Linie zu halten, war der „antifaschistische Schutzwall", wie die DDR ihn nannte, zuweilen identisch mit der Außenwand von Wohnhäusern. Den Menschen dort drinnen wurden kurzerhand die in den Westteil weisenden Türen und Fenster zugemauert. Später siedelte man die Bewohner um und riss die Gebäude ab.

ADRESSE: Mauermuseum: 10969 Berlin, Friedrichstr. 43–45, ➜ www.mauer-museum.com; Dokumentationszentrum: 13355 Berlin, Bernauer Straße 119, ➜ www.berliner-mauer-gedenkstaette.de
ÖFFNUNGSZEITEN: Museum: täglich 9–22 Uhr; Dokumentationszentrum: April–Okt. Di–So 9.30–19, Nov.–März Di–So 9.30–18 Uhr **TIPP:** Ein weiteres großes Mauerstück findet sich entlang des Dokumentationszentrums „Topographie des Terrors". In der Nazi-Zeit befand sich hier die Dienstzentrale der Gestapo.

16 DAS DEUTSCHE ECK
Der Kaiser, die Festung, zwei Flüsse

Wo zwei große Flüsse sich vereinen, da entsteht stets ein großes Schauspiel. Im Falle von Mosel und Rhein empfanden das auch die Preußen nicht anders. Nach dem Tod Wilhelms I. schossen im ganzen Land bombastische Standbilder des Kaisers aus dem Boden. Wie überall ehrte man damit auch in Koblenz den Feldherren jener drei Kriege von 1864, 1866 und 1870/71, die zur Gründung des Deutschen Reiches geführt hatten.

Ursprünglich rührt die Bezeichnung Deutsches Eck von den Deutschordensrittern her, die hier an der Moselmündung nach 1216 ihren Verwaltungssitz anlegten. Noch bis weit ins 19. Jh. hinein ragte lediglich eine Mole ins Wasser, die zusammen mit einer vorgelagerten Sandbank einen kleinen Hafen sicherte. Im Koblenzer Volksmund trug sie den wenig pompösen Namen Honsschwanz (Hundsschwanz). Nach der Befestigung jedoch wuchs hier jenes 37 m hohe Denkmal auf, dessen obere 14 m das Reiterstandbild ausmachen. Sein Schöpfer Bruno Schmitz verantwortet auch die ähnlich monumentalen Bauwerke des thüringischen Kyffhäusers (s. S. 106) und des Völkerschlachtsdenkmals in Leipzig.

Im März 1945 wurde das symbolträchtige Werk von einer amerikanischen Granate weitgehend zerstört. Bis Anfang der 1990er-Jahre blieb Wilhelms Podestplatz leer – umgewidmet zum Mahnmal der deutschen Einheit. Kaum war diese erreicht, machte man sich in Koblenz an den Wiederaufbau. Trotz zeitweise massiver Proteste gegen den Kaiserkult wacht der „Kartätschenprinz" von 1848 seit 1993 wieder über den Rhein-Mosel-Zusammenfluss.

Den schönsten Blick auf die Szenerie genießt man von der ebenfalls preußischen Feste Ehrenbreitstein aus. 118 steile Meter über dem östlichen Flussufer erhebt sich die nach Gibraltar größte historische Festungsanlage Europas. Schon vor Urzeiten hatten Menschen diesen strategisch günstigen Aussichtspunkt besiedelt, die ältesten Funde stammen aus der Jungsteinzeit. Majestätisch ist das Panorama, und majestätisch fließen die beiden Flüsse dahin. Ihre Majestät Kaiser Wilhelm hingegen wirkt von hier oben, nun ja, eher winzig.

ADRESSE: Deutsches Eck: 56068 Koblenz, Konrad-Adenauer-Ufer, → *www.koblenz-touristik.de*; Feste Ehrenbreitstein: 56077 Koblenz, Straße Festung Ehrenbreitstein, → *www.diefestungehrenbreitstein.de*
TIPP: Das Deutsche Eck und die Feste Ehrenbreitstein sind durch eine wildromantische Seilbahn über den Rhein miteinander verbunden.

17 DER DEUTSCHE MICHEL

Nationalfigur, Schlafmütze und Armer Poet

Was den US-Amerikanern der Uncle Sam oder den Franzosen die Marianne, ist den Deutschen der Michel. Stärker als die zuerst genannten jedoch hängt der deutschen Nationalfigur ein zwiespältiges Image an. Die erstmals im 16. Jh. aufgetauchte Type war stets ein Lieblingsobjekt der Karikaturisten. Der Michel repräsentierte ab dem 19. Jh. den deutschen Biedermann, einen gemütlichen, bildungsfernen Simpel. Anderen jedoch galt er gleichzeitig als Sinnbild des mal von Fürsten unterdrückten, mal vom welschen Erzfeind bedrohten Opfers. In solchen Zusammenhängen steht der Michel für die deutschen Tugenden und die Sehnsucht nach der Einheit des Deutschen Reiches. Die Instrumentalisierung des Michels für alle möglichen politischen und kulturellen Zwecke fand auch im 20. Jh. seine Fortsetzung. Allen Ausformungen gemeinsam: die Michel-Mütze, eine als Zipfel auslaufende Schlafmütze.

Der Onkel Fritze aus „Max und Moritz" trägt sie und auch der Philosoph Martin Heidegger zog sie auf, sobald er sein bäuerliches Refugium, eine Almhütte im Schwarzwald, erreichte. Ihre berühmteste Darstellung jedoch fand die eigenartige Mütze 1839 mit Carl Spitzwegs Werk „Der arme Poet". Das nur 36 x 45 cm kleine Gemälde gilt den Deutschen laut Umfragen als zweitbeliebtestes Bild der Weltgeschichte (nach Leonardo da Vincis „Mona Lisa"). Seit 1887 ist es dank einer Schenkung der Nachkommen im Besitz der Neuen Pinakothek München.

Den Unterkiefer vorgeschoben, die Feder quer im Mund, demonstriert dieser einsame Poet zugleich Armut und Anmut, eine geradezu stoische Selbstgewissheit im Ungewissen. So ungesichert wie die Existenz von Spitzwegs Schriftsteller ist auch die historische Rückführung des Deutschen Michels auf Hans Michael Elias von Obentraut. Angeblich soll dieser Reitergeneral aus dem Dreißigjährigen Krieg die Figur mit seinem Spitznamen in die Welt gesetzt haben. Auf der Stromburg im Hunsrück, wo er anno 1574 das Licht der Welt erblickte, legt man jedoch heutzutage nicht mehr die Rüstung an, sondern die Schürze. Denn Burgherr Johann Lafer, bekannt als Fernsehkoch, betreibt hier seit 1994 ein Gourmetrestaurant.

ADRESSE: Neue Pinakothek: 80799 München, Barer Straße 29, (→ www.pinakothek.de); Stromburg: 55442 Stromberg, Michael-Obentraut-Straße, (→ www.stromburg.com)
ÖFFNUNGSZEITEN: Pinakothek: Do–Mo 10–18, Mi 10–20 Uhr; Stromburg: Die Burg ist nicht zu besichtigen. **RESTAURANT-ÖFFNUNGSZEITEN:** Mi-So ab 19, Sa u. So auch 12–14 Uhr **TIPP:** Der „Onkel Fritze" aus Max und Moritz führt direkt nach Hannover zum dortigen Wilhelm-Busch-Museum (s. S. 50).

18 DAS DEUTSCHE MUSEUM FÜR KARIKATUR ...

... und Zeichenkunst Wilhelm Busch

Der Name dieser Institution kommt ein bisschen ungelenk daher, zeugt jedoch von einem historischen Dilemma: Wie geht man damit um, 1937 als reines Wilhelm-Busch-Museum gestartet zu sein, dann aber zunehmend auch andere Karikaturisten und Zeichner gesammelt zu haben?

1986 umbenannt, findet man hier satirische Kunst aus 400 Jahren, von William Hogarth (1697–1764) bis zu Tomi Ungerer. Und natürlich fehlen auch nicht die Protagonisten der deutschen Karikaturisten-Szene, speziell aus dem Umfeld der Frankfurter Satiremagazine Pardon und Titanic. Hier hielten Robert Gernhardt, Chlodwig Poth & Co der Bundesrepublik den Spiegel vor und offenbarten dabei nicht selten deren mal komische, mal hochnotpeinliche Fratze. Den bedeutendsten Neuerwerb aus dieser Ecke verzeichnete das Karikatur-Museum mit dem Nachlass des 2005 verstorbenen F. K. Waechter – insgesamt 3 400 Arbeiten.

Noch lohnenswerter macht den Besuch die Tatsache, dass dieses 1780 erbaute Palais eingebettet ist in eine außergewöhnliche Parklandschaft. Die Herrenhäuser Gärten nordwestlich des Stadtzentrums bilden einen abwechslungsreichen Mix mit französisch barocken und englisch offen gestalteten Bereichen. Um ihres großen Schatzes Herr zu werden, setzt die Museumsleitung auf Wechselausstellungen. Dabei kann es mal um kritische Plakatkunst à la Klaus Staeck, mal um die Tintenherz-Bebilderungen der Fantasy-Autorin Cornelia Funke gehen. Immer wieder im Zentrum steht jedoch der unumstrittene Star der Sammlung: Wilhelm Busch (1832–1908). Kein anderer deutscher Zeichner hat die Generationen der letzten 150 Jahre derart intensiv begleitet wie der im niedersächsischen Wiedensahl geborene Sohn einer Krämer-Familie. Seine Bildergeschichten mit den eingängigen Reimversen fehlen in keiner Hausbibliothek, „Hans Huckebein, der Unglücksrabe" ebenso wenig wie „Die fromme Helene". Und sein bereits 1864 veröffentlichtes Hauptwerk „Max & Moritz" avancierte zu einem Klassiker, dem der deutsche Sprachschatz bis heute manch geflügeltes Wort verdankt. In diesem Sinne: „Gott sei Dank! Nun ist's vorbei/ Mit der Übeltäterei!"

ADRESSE: 30167 Hannover, Georgengarten, ➔ *www.karikatur-museum.de*
ÖFFNUNGSZEITEN: Di–So 11–18 Uhr **TIPP:** Auch in seinemGeburtsort Wiedensahl ist Wilhelm Busch ein Museum gewidmet (➔ *www.wilhelm-busch-geburtshaus.de).*

19 DIE DOCUMENTA
Moderne Kunst in Kassel

Der riesige Kasseler Friedrichsplatz wirkt auf den ersten Blick ein wenig kahl: hier das Fridericianum als altehrwürdiges Museumsgebäude, dort ein Denkmal für den Landgrafen Friedrich II. (1720–85) und dazwischen zwei Bäume, das ist alles. Dass es sich hier um den zentralen Ort der weltweit bedeutendsten Ausstellung für zeitgenössische Kunst handelt, erschließt sich dem Besucher erst auf den zweiten Blick.

Alle fünf Jahre findet auf diesem Platz und im anrainenden Fridericianum die documenta statt. Initiator und erster Kurator der Ausstellung war 1955 der Kasseler Kunstprofessor Arnold Bode. Ihm ging es zunächst darum, den Deutschen die in der Nazi-Zeit verbotene „Entartete Kunst", vor allem die Abstrakte Malerei, nahezubringen. Erst allmählich bewegte sich der Fokus der documenta hin zur aktuellen Kunst. Und obwohl gerade diese häufig auf Unverständnis und zum Teil heftige Ablehnung stieß, wuchs das Zuschauerinteresse von Mal zu Mal.

Auf diesem kunsthistorischen Hintergrund offenbart auch der vermeintlich leere Friedrichsplatz seine Geheimnisse. Da wäre etwa diese kleine Blende, dieses Guckloch zwischen Denkmal und Palast. Darunter befindet sich der „Vertikale Erdkilometer" des amerikanischen Künstlers Walter de Maria. Zur documenta 6 (1977) ließ er hier 5 cm dicke, ineinandergesteckte Messingstäbe 1 000 m tief in die Erde ein. Ebenfalls dem Kunstfest geschuldet ist jene Figurengruppe auf dem Altan links neben dem Fridericianum. „Die Fremden", so der Titel, plazierte der deutsche Künstler Thomas Schütte dort 1992 zur documenta 9. Und selbst die beiden noch jungen Bäumchen vor dem Museum haben ihre ganz eigene Kunst-Geschichte. Den rechten, etwas kräftigeren setzte anno 1982 Joseph Beuys in die Erde. „7 000 Eichen – Stadtverwaldung statt Stadtverwaltung" hieß sein Projekt zur d7. Dafür ließ er 7 000 Basaltlavasteine auf dem Platz abkippen, die für 500 Deutsche Mark mitsamt einem Baum im Kasseler Stadtgebiet aufgestellt werden sollten. Fünf Jahre dauerte es bis zum letzten Baum, den, nachdem Beuys 1986 gestorben war, sein Sohn Wenzel direkt neben den ersten pflanzte.

ADRESSE: 34117 Kassel, Friedrichsplatz, → *www.fridericianum-kassel.de*
ÖFFNUNGSZEITEN: Auch jenseits der documenta ist das Fridericianum ein angesehenes Museum mit Dauer- und Wechselausstellungen zur zeitgenössischen Kunst (Mi–So 11–18 Uhr). **TIPP:** Am Südostende des Platzes, schon jenseits der Frankfurter Straße, befindet sich mit dem stählernen „Rahmenbau" der Künstlergruppe Haus-Rucker-Co ein weiteres documenta-Relikt (d6, 1977).

20 DIE DOKUMENTATION OBERSALZBERG

Berghof und Führermythos

Vom Berghof wie ihn Adolf Hitler ab 1936 bewohnte ist heutzutage nichts mehr zu sehen. US-Streitkräfte haben seine ruinösen Reste 1952 gesprengt. Stattdessen ist an dieser Stelle seit 1999 die Dokumentation Obersalzberg zu besichtigen, eine Ausstellung zur Bedeutung des Ortes für die deutsche Geschichte.

Das Haus mit dem grandiosen Bergpanorama hatte Hitler bereits ab 1928 für den Urlaub angemietet. Kurz nach der Machtübernahme im Jahr 1933 kaufte er es und veranlasste einen repräsentativen Umbau. Fortan verbrachte er dort nicht nur die Ferien, sondern nutzte das Gebäude zugleich auch als Machtzentrale, von der aus – genauso wie in Berlin – Politik gemacht wurde. Was jedoch möglicherweise noch viel wichtiger war: Hier auf dem Berghof manifestierte sich jener fatale Führermythos, der seinen Ausdruck gleichermaßen in rauschhafter Verehrung und blindem Gehorsam finden sollte. Auf dem Berghof inszenierte sich Hitler als weltmännischer Staatslenker, der ausländische Politiker und sonstige hohe Gäste empfing, und zugleich als gemütlicher, Kinder und Tiere tätschelnder Naturfreund.

Innerhalb kürzester Zeit waren ab 1933 sämtliche Altbewohner des Obersalzbergs vertrieben worden. Stattdessen hatten sich hier sodann Hitlers Vertraute angesiedelt, allen voran Hermann Göring, Martin Bormann und Hofarchitekt Albert Speer. In den Jahren davor jedoch hatte Hitler tatsächlich noch Kontakt zu den dörflichen Nachbarn gehabt und Besuche aus dem Volk geduldet. Es gehört zu den irritierenden Erkenntnissen dieser Ausstellung, dass der seinerzeit grassierende Hitler-Kult durchaus Parallelen zur heutigen Popstar-Glorifizierung aufweist. Zahllose Frauen aus ganz Deutschland, das belegen historische Filmaufnahmen, strömten täglich zu Hitlers Haus wie zu einer Pilgerstätte: Alle wirkten ergriffen, manche weinten oder drückten sich einen der losen Kiesel an die Brust, auf den „ER" vielleicht einmal getreten sein mochte. – Beängstigende Bilder, denen die vom Münchner Institut für Zeitgeschichte realisierte Dauerausstellung mit einem angemessen nüchternen Konzept begegnet.

ADRESSE: 83471 Berchtesgaden, Salzbergstraße 41, → www.obersalzberg.de **ÖFFNUNGSZEITEN:** April–Okt. 9–17, Nov.–März Di–So 10–15 Uhr **TIPP:** Vom Dokumentationszentrum aus fahren Busse hinauf zum Kehlsteinhaus. Sowohl die außergewöhnliche Zufahrtsstraße als auch der durch den Berg führende Aufzug des 1938 für Hitler erbauten Hauses gelten als architektonische Meisterleistung.

21 DIE DONAUQUELLE(N)

Wenn zwei sich streiten (freut sich der Reisende)

Es ist ein erhebendes Gefühl, in den figurengeschmückten Brunnen von Donaueschingen zu blicken. Wie aus dem Nichts steigen dort Blasen vom Grund des Wassers auf, es sprudelt aus der Erde heraus. Mal bilden diese Perlen ganz ebenmäßige, feine Ketten, mal werden sie mit einem eruptiven Ploppen in die Atmosphäre entlassen. Bis zu 150 Liter pro Sekunde gelangen hier an die Oberfläche, eine enorme Menge. Das ist die Donau, wie sie erstmals das Licht der Welt erblickt, denkt man sich. Das ist der nach der Wolga längste Fluss Europas, der dort unter mir entspringt. Aber stimmt das auch?

Genau genommen beginnt hier, neben dem Fürstenbergischen Schloss in Donaueschingen, der Donaubach, der bald in die Brigach fließt. Diese wiederum vereinigt sich hinter der Stadt mit der Breg, und erst ab hier spricht man dann von der Donau. Seit Jahrhunderten streiten sich deshalb die Gelehrten (und die Tourismuszentralen!) darum, wer nun wirklich über die Quellrechte verfügt. Die besten Karten dürfte dabei die Stadt Furtwangen haben, denn oben an der Martinskapelle entspringt die Breg. Deren Quelle liegt nicht nur höher als die der Brigach, sie ist auch länger und führt mehr Wasser als jene. Ist also die Quelle der Donau nicht genau zu lokalisieren, so liegt nördlich von Furtwangen zumindest der Donau-Ursprung. Sagen die Breg-Freunde.

Und der neutrale Beobachter antwortet: Die Breg-Quelle ist das ideale Pendant zur Donaueschinger Anlage. Herrscht hier höfisches Ambiente, so taucht man an der Martinskapelle in eine sehr atmosphärische Waldeinsamkeit. Das Wasser dringt direkt aus dem Fels, einige Bänke laden dazu ein, ihm kontemplierend dabei zuzusehen. Schon nach wenigen Metern endet das längliche Quellbecken, und das Rinnsal kommt bergab in Fahrt. Von hier aus geht die Reise los, über fast 3 000 km durch Deutschland und Österreich, durch Ungarn, Rumänien, die Ukraine und und und. Liegt die Quelle der Donau nun in Donaueschingen oder bei Furtwangen? – Sicher ist nur: Diese H_2O-Moleküle aus dem beschaulichen Schwarzwald werden irgendwann ins Schwarzen Meer münden.

ADRESSE: 78166 Donaueschingen, Fürstenbergisches Schloss, Karlsplatz 7, → *www.donaueschingen.de*; 78120 Furtwangen, die Breg-Quelle liegt nördlich der Stadt bei der Martinskapelle am Kolmenhof, → *www.donauquelle.de* **TIPP:** Östlich von Donaueschingen fließen inmitten grüner Flur Brigach und Breg zusammen. Erst ab hier heißt der Fluss „Donau".

22 DER EISERNE VORHANG
Inhuman, neurotisch, tragikomisch

Um den Irrsinn der innerdeutschen Grenze zu begreifen, reicht ein Blick auf den K6 in Hötensleben. Dabei handelt es sich um einen sechs Meter breiten Erdstreifen hinter der eigentlichen Grenzmauer. Jeden Tag hatten die DDR-Grenzer dieses Stück Erde auf Fußspuren zu untersuchen. Regelmäßig wurde hier Chemie versprüht, um jeden Bewuchs von Grund auf zu unterbinden. Und ebenso häufig musste der Boden geeggt werden, um nach etwaiger Querung von Tieren wieder eine plane Fläche zu bieten. Und all dies nur aus dem einen Grund, keinen Menschen vom einen in den anderen Teil des Landes dringen zu lassen.

Für etwaige Flüchtlinge kam in Hötensleben noch erschwerend hinzu, dass man wegen der Nähe zu den westlichen Dörfern statt eines Zauns eine Stahlbetonmauer nach Berliner Vorbild errichtete. Bis 1975 bestand in Hötensleben außerdem eine Erdminentrasse, die potenzielle Opfer in kleine Fetzen zerreißen konnte.

Hötensleben gehört heutzutage zur Gedenkstätte Deutsche Teilung Marienborn. Die Grenzübergangsstelle (GÜSt) Marienborn-Helmstedt hatte sich zu DDR-Zeiten zur wichtigsten innerdeutschen Grenzstation entwickelt. Über 1 000 Beamte waren hier damit beschäftigt, den Schmuggel von Waren, Devisen und Menschen zu unterbinden. Sämtliche Grenzschikanen, von den engen Schleusen der Passkontrolle über die „Kontrollgaragen" mit ihren Unterboden-Spiegeln bis hin zur düster-engen Kabine für „Leibesvisitationen" konnten hier museal erhalten werden. Zu letzterer hieß es beispielsweise in den internen Vorschriften: „Eine körperliche Durchsuchung erstreckt sich auf (...) die Inaugenscheinnahme des unbekleideten Körpers mit seinen natürlichen Versteckmöglichkeiten in Achselhöhlen (...), zwischen den Fingern und Zehen, Gesäßbacken und Schamgegend."

Ein Gang über dieses riesige Areal bietet schaurige Einblicke, plötzlich erkennt man, aus welch tiefer Angst heraus dieser Staat seine Bürger und alle Fremden bespitzeln ließ. Das DDR-Regime, dies vermittelt die Gedenkstätte, agierte nicht nur menschenverachtend, sondern gleichzeitig auch hochneurotisch und in vielerlei Hinsicht tragikomisch.

ADRESSE: 39393 Hötensleben, 39365 Marienborn, → www.grenzdenkmaeler.de **ÖFFNUNGSZEITEN:** Das Grenzdenkmal Hötensleben ist jederzeit frei zugänglich. GÜSt Marienborn: Di – So 10 – 17 Uhr **TIPP:** Direkt in Helmstedt findet sich zudem ein Zonengrenzmuseum (→ www.helmstedt.de).

23 FARINA GEGENÜBER
Ein Duft aus Limette, Bergamotte und Petitgrain

Diverse deutsche Produkte genießen einen internationalen Ruf. Dazu zählen etwa die Autos von Mercedes oder BMW, die Räuchermännchen aus dem Erzgebirge und die Schwarzwälder Kuckucksuhren. Keine dieser Marken und regionalen Kulturgüter reicht jedoch bezüglich seiner weltweiten Popularität an jenes flüchtige Liquid heran, das 1709 am Rhein geboren wurde: Eau de Cologne.

Damals nämlich brachte der kölsch-italienische Parfumeur Johann Maria Farina (1685–1766) ein neues „aqua mirabilis" auf den Markt, das einen Siegeszug sondergleichen antreten sollte. Schon bald benannte er es nach seiner Heimatstadt, wo aus dem Eau de Cologne „Kölnisch Wasser" wurde. Aber wo Erfolg ist, da sind auch die Trittbrettfahrer nicht fern. Bald versuchte jeder halbwegs talentierte deutsche Panscher, mit einem italienischen „Farina" in Kontakt zu kommen. Dem echten „Farina gegenüber dem Jülichs-Platz" gesellten sich bald Plagiatoren wie „Johann Maria Farina gegenüber dem Altenmarkt" und „Johenn Martino Farina gegenüber dem Jünglings-Platz" hinzu. Losgetreten hatte diese Lawine der Kölner Kaufmann Wilhelm Mülhens, der 1804 einen Pseudo-Farina für seine Firma erwarb und diesen Namen wahllos weitervertrieb. Als er sich 1881 per Gerichtsbeschluss wieder umbenennen musste, gelang ihm ein noch folgenreicherer Coup. Mülhens taufte sein Haus auf jene Nummer, die es einst von den französischen Besatzern bekommen hatte: 4711. Ein einprägsamer Markenname war geboren, der sich auf Englisch sogar reimt. Trotz der mittlerweile berühmteren Konkurrenz steht das Parfümhaus „Farina Gegenüber", wie man es kurz nennt, auch nach über 300 Jahren noch immer im Kölner Stadtzentrum. Die wechselhafte Geschichte der inzwischen acht Generationen spiegelt das hauseigene „Duftmuseum". Mit seinen historischen Dokumenten und Stilmöbeln, mit den vielen Flakons, Kupferkesseln und Zedernholzfässern changiert es zwischen nobler Destille und phantastischer Hexenküche. Und nach dem Besuch weiß ein jeder, wo Patrick Süskinds in Paris spielender Weltbestseller „Das Parfüm" seinen Ursprung hat: in Köln gegenüber dem Jülichs-Platz.

Vater der modernen Parfumerie

ADRESSE: 50667 Köln, Obenmarspforten 21, → *www.farina1709.de* **ÖFFNUNGSZEITEN:** Mo–Sa 10–18, So 11–16 Uhr **TIPP:** Das historische Haus der Konkurrenzfirma 4711 liegt in der Glockengasse 4 (→ *www.glockengasse.de*).

24 DIE FEENGROTTEN VON SAALFELD
Vom Alaunbergwerk zum Märchendom

Man geht anders in diesen tiefbraunen Capes, die man gegen die Tropfsteinnässe tragen soll. Ein bisschen fühlt man sich wie Henry Fonda in seinem weitschwingenden Mantel aus „Spiel mir das Lied vom Tod". Und cowboyesk-abenteuerlich gestaltet sich auch der Einstieg in dieses ehemalige Bergwerk. Schon nach wenigen Metern steht der Besucher im notdürftig erleuchteten Pausenraum der Kumpel, und die Vorstellung, auf diesen steinernen, feuchten Bänken seine Mahlzeiten einzunehmen, hat etwas Gruseliges.

Ab 1530 wurde in Saalfeld Alaunschiefer abgebaut, der sich 400 Mio. Jahre alten maritimen Kieselalgen verdankt. Das überirdisch ausgespülte Salz dieses Materials diente unter anderem zum Gerben von Leder. Fast drei Jahrhunderte lang lagen die alten Schächte brach, bevor man sie 1910 wiederentdeckte. Und was die Natur in der Zwischenzeit hier unten angerichtete hatte, war nichts weniger als atemberaubend. Wo einst in beinharter Arbeit Hohlräume gemeißelt worden waren, hingen nun kunstvoll geformte Stalaktiten von der Decke. Und während sie stetig Kalk bündelten und nach unten wuchsen, bildeten sich unter ihnen kleine Seen. Weil die Saalfelder Höhlen in nahezu allen Schattierungen des Farbspektrums schillern, sind sie inzwischen sogar ins Guinnessbuch der Rekorde eingegangen: als farbenreichste Grotten der Welt.

Höhepunkt jeder Tour ist der Abstieg zum „Märchendom", der tiefsten der vier Grotten. Hier ließ sich Richard Wagners Sohn Siegfried in den 1920er-Jahren zu einem Bühnenbild für den „Tannhäuser" inspirieren, „Saalfeld goes Bayreuth" sozusagen. Heutzutage zaubern bunte Scheinwerfer Lichteffekte auf diese unterirdische, von klassischer Musik berieselte Bühne. Widmet man sich dem Szenario nur intensiv genug, tritt er bald auch tatsächlich ein, jener Märcheneffekt: Dicht herabhängende Stalaktiten werden zu güldenem Feenhaar und die bodennahen Stalagmiten zu einem Heer von Kobolden, Alraunen und sonstigen Fabelwesen, während die stetig fallenden Tropfen anmutig zu tanzen scheinen. Ein echtes Naturschauspiel – geschaffen von Menschenhand.

ADRESSE: 07318 Saalfeld, Feengrottenweg 2,
→ *www.feengrotten.de* **ÖFFNUNGSZEITEN:** April–Okt. 9–17, Nov.–März 10.30–15 Uhr (Januar: nur am Wochenende) **TIPP:** Weil die Luft im Saalfelder Heilstollen vollkommen keimfrei ist, werden hier verschiedene Kuren angeboten (s. Homepage).

25 DIE FRAUENKIRCHE
Ruine, Mahnmal und Symbol der Versöhnung

Der Wiederaufbau der Frauenkirche ist die Geschichte einer großen Debatte. Im Wesentlichen ging es dabei um zwei Streitpunkte. Erstens: Ist es kunsthistorisch sinnvoll, ein seit 50 Jahren fast völlig zerstörtes Gebäude originalgetreu (aber eben nicht: original) wiederauferstehen zu lassen? Und zweitens: Welchen Stellenwert hat ein Mahnmal gegen den Krieg gegenüber einem nagelneuen Prachtbau?

Bis 1994 hatte die Kirche mit der gewaltigen Steinkuppel (der „Steinernen Glocke", wie sie wegen ihrer markanten Form genannt wird) als Ruine ihr Dasein gefristet. 1966 erklärte man sie in der DDR offiziell zum Anti-Kriegs-Mahnmal, ohne jedoch die Konservierung der Überreste voranzutreiben. Mit der Wiedervereinigung Deutschlands entbrannte schließlich auch die Diskussion um den Wiederaufbau der Frauenkirche.

Nun, die Befürworter des Neubaus haben sich durchgesetzt. Die „Kirche Unserer Lieben Frau", wie sie ursprünglich hieß, strahlt in neu-altem Glanz. Nicht zuletzt millionenschwere Spendengelder aus aller Welt sorgten dafür, dass dieses Großprojekt auf die Beine gestellt werden konnte. Das Mahnmal gegen den Krieg wurde zu einem Symbol der Versöhnung umgewidmet, und von großem Symbolcharakter war auch die Fertigung des 8 m hohen, vergoldeten Kreuzes. Denn damit beauftragt wurde der Londoner Kunstschmied Alan Smith, Sohn eines britischen Piloten, der an der verheerenden Bombardierung Dresdens im Februar 1945 beteiligt gewesen war.

Was die fehlende Patina betrifft, so fand man einen Kompromiss: Die stehengebliebenen Wandteile wurden integriert und machen heute immerhin rund ein Drittel des Baukörpers aus. Und auch auf der neugestalteten Außenhaut der Frauenkirche werden die Narben des Krieges noch lange sichtbar bleiben. Die grauschwarzen Steine, die die helle Außenwand heute wie Sommersprossen zieren, stammen aus dem alten Trümmerberg. Aber Sandstein enthält Eisenanteile, oxidiert und dunkelt allmählich aus. Irgendwann also, dafür sorgen Zeit und Natur, wächst hier auch farblich zusammen, was seit der Neuweihung 2005 wieder zusammengehört.

ADRESSE: 01067 Dresden, An der Frauenkirche,
➜ www.frauenkirche-dresden.de **ÖFFNUNGSZEITEN:**
Mo–Fr 10–12 u. 13–18 Uhr. Öffnungszeiten Sa u. So
sowie Führungen variieren (Genaueres s. Homepage).
TIPP: Selbst wenn die Kirche wegen einer Trauung o.ä.
nicht zugänglich ist, kann die Kuppel bis zur Aussichtsplattform bestiegen werden (März–Okt. Mo–Sa 10–18,
So 12.30–18, Nov.–Feb. Mo–Sa 10–16, So 12.30–16 Uhr).

26 DER FÜRST-PÜCKLER-PARK
Gartenkunst in Bad Muskau

Ludwig Heinrich Hermann Fürst von Pückler-Muskau wurde 1785 in ein eigentlich gemachtes Nest geboren. Immerhin war er der designierte Erbe der Standesherrschaft Muskau, die sich über einen Großteil der Oberlausitz erstreckte. Aber andererseits: Warm war es nicht, dieses Nest. Wie er später schrieb, brachten ihm die Eltern keine echte Liebe entgegen und die Erziehung des bereits mit sieben Jahren fortgegebenen Jungen verlief streng pietistisch.

Dennoch – oder gerade deswegen – entwickelte Heinrich Hermann eine erstaunliche Fantasie. Briefromane, Reiseberichte und Sachbücher machten ihn bereits zu Lebzeiten berühmt, seine Abenteuer und Frauengeschichten gleichermaßen berüchtigt. Am nachhaltigsten jedoch wirkte sein Schaffen als Landschaftsarchitekt, das einer kreativen Obsession gleichkam.

1812 hatte Pückler zusammen mit einem Freund England besucht und sich in die dortige Gartenkunst verliebt. Der „Englische Garten" mit seiner Vielfalt, seiner Asymmetrie und seinem Kontrastreichtum war in Abgrenzung zum mathematisch durchexerzierten französischen Barockgarten entstanden. Ab 1815 begann Pückler damit, auf seinem Grund und Boden Europas bis heute größten Landschaftsgarten in englischem Stil zu verwirklichen.

830 Hektar wurden in den folgenden Jahrzehnten gestaltet, das entspricht einer Fläche von etwa 1 660 Fußballfeldern. Pücklers 1834 erschienenes Buch „Andeutungen über Landschaftsgärtnerei: Verbunden mit einer Beschreibung ihrer praktischen Anwendung in Muskau" wird bis heute immer wieder neu aufgelegt. Wer das gesamte Areal vom Schlosspark über den südwestlichen Badepark bis hin zur Herrenberg-Schlucht im polnischen Osten besichtigen möchte, ist gut beraten, sich vor Ort ein Fahrrad zu leihen. Eine Besonderheit kann der Besucher noch nahe dem deutschen Haupteingang bei Bad Muskau entdecken: Auf dem kleinen Hilkes-Berg an der Neiße steht der sogenannte Pückler-Stein. Der 1901 eingeweihte Findling erinnert an den Parkgründer und weist mit seiner Vorderseite genau in Richtung seines Geburtshauses, des Neuen Schlosses von Bad Muskau.

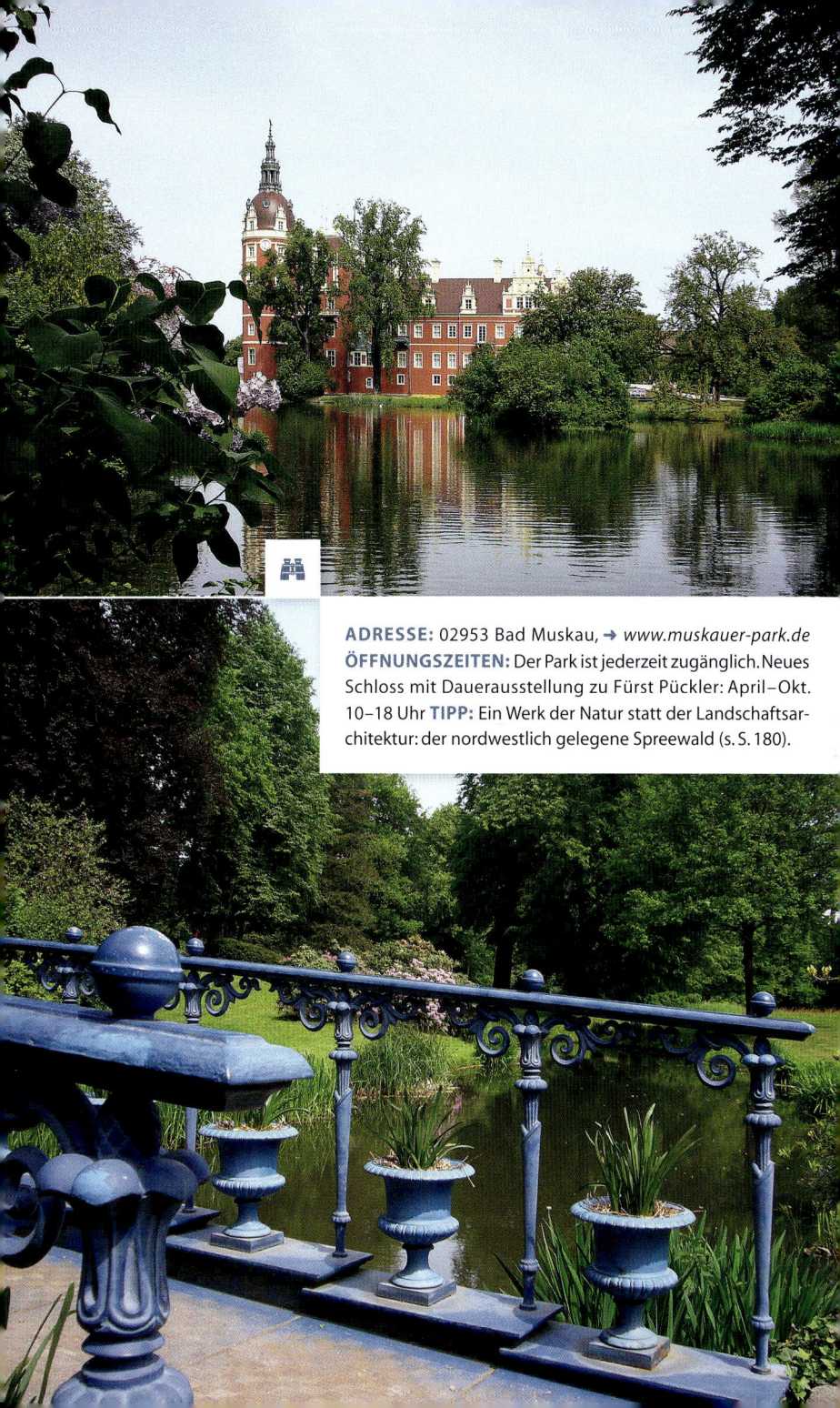

ADRESSE: 02953 Bad Muskau, → www.muskauer-park.de
ÖFFNUNGSZEITEN: Der Park ist jederzeit zugänglich. Neues Schloss mit Dauerausstellung zu Fürst Pückler: April–Okt. 10–18 Uhr **TIPP:** Ein Werk der Natur statt der Landschaftsarchitektur: der nordwestlich gelegene Spreewald (s. S. 180).

27 DAS GERMANISCHE NATIONALMUSEUM

Schamanenhüte, Hammerklaviere und Dürers Lehrer

„Germanisch" und „national" zugleich, das klingt wie ein Schlag mit Thors Hammer. Aber die Schwere des Namens wird schon im Eingangsbereich des Nürnberger Museums zurückgenommen. Strahlendes, unschuldiges Weiß umfängt den Besucher, bevor er sich in die verschiedenen Sammlungen vertieft. Man tut gut daran, sich bereits im Vorhinein zu überlegen, was man sich hier ansehen möchte. Denn das Germanische Nationalmuseum (GNM) bildet einen schwer überschaubaren Komplex aus diversen Gebäuden mit Innenhöfen, Treppenhäusern und langen Verbindungsgängen. Auch innerhalb der Abteilungen herrscht eine beinahe enzyklopädische Fülle. Die überbordende Vielfalt historischer Musikinstrumente etwa kann einen Liebhaber ohne Probleme den ganzen Tag beschäftigen. Hier finden sich Beispiele sämtlicher Gattungen seit dem 16. Jh., darunter etwa zahlreiche frühe Hammerklaviere. Nicht minder reichhaltig bestückt kommen die Sammlungen zu Kleidung, Kunsthandwerk oder Medizingeschichte in deutschen Landen daher.

Die eigentlich „germanische" Historie Deutschlands (und Europas) beginnt mit dem Einfall der Hunnen um 375 und der daraus resultierenden Völkerwanderung gen Westen. Eingebettet sind die Exponate dieser Epoche in die Abteilung Vor- und Frühgeschichte. In Nürnberg reicht diese von Steinzeitfunden bis in die Zeit der Karolinger (8.–10. Jh.). Alltagsobjekte wie Gürtelschnallen, Perlenketten oder auch Eimerbeschläge dokumentieren das Leben der alten Germanen, Grabanlagen und -beigaben führen in ihre religiösen Vorstellungen ein. Höhepunkt: ein rund 3 000 Jahre alter, 88 cm hoher und raketenartig zulaufender Zeremonienhut, der einst einem Priesterkönig oder Schamanen zur Erhöhung gedient haben mag.

Selbstverständlich kommt im GNM auch der Kunstfreund auf seine Kosten. So dürfte sich ein Großteil der täglichen Besucher hier nicht zuletzt für die Sammlung von Dürer-Originalen interessieren. Zu Recht: Allein des Meisters Porträt seines alten Lehrers Michael Wolgemut gibt ein ergreifendes Beispiel für lebenslangen Respekt, Zuneigung und Liebe.

ADRESSE: 90402 Nürnberg, Kartäusergasse 1, → *www.gnm.de*
ÖFFNUNGSZEITEN: Di–So 10–18, Mi bis 21 Uhr **TIPP:** Wie man mit den Begriffen „germanisch" und „national" zwischen 1933 und 1945 umgegangen ist, erfährt man im Nürnberger Dokumentationszentrum Reichsparteitagsgelände (s. S. 212).

28 DIE GORCH FOCK I UND II
Windjammern in schwierigen Wassern

Wer Gorch Fock sagt, der meint zumeist das 1958 gebaute Segelschulschiff. Der Stolz der Deutschen Marine hat in den letzten Jahren Schlagseite bekommen. Nach diversen Skandalen und tödlichen Unfällen an Bord wurde der Windjammer Anfang 2011 zurück in den Heimathafen nach Kiel beordert.

Aber daneben existiert noch eine erste Gorch Fock, und auch diese schlingert in schwierigen Wassern. Ihre Probleme beginnen schon damit, dass sie nicht fahrtüchtig ist. Der edle Windjammer, 1933 bei Blohm + Voss in Hamburg gebaut, wurde 1945 versenkt. Nach der Hebung zwei Jahre später gelangte er in den Reparationsfundus der Sowjetunion, die ihn als Segelschulschiff der Marine einsetzte. Das Ende der UDSSR erlebte die Gorch Fock im ukrainischen Hafen Kherson, wo sie mit den Jahren immer weiter auf den Hund kam. Auf verschlungenen Pfaden gelangte das Schiff schließlich 2003 wieder nach Stralsund.

Wer hier heute zum Hafen einbiegt, der erblickt schon von Weitem den weißen Dreimaster am Nordende. Aber so edel das Schiff von außen wirkt, so erbarmungswürdig sieht es in seinem Innern aus. Die Besichtigung führt u.a. in den Kartenraum, das mit Hängematten versehene Wohndeck der Kadetten und den Kapitänssalon. Überall herrscht eine Tristesse, die noch verstärkt wird, wenn man einen Blick hinter die zahlreichen Blenden und hinein in jene Bereiche wirft, die mangels Mitteln noch nicht einmal teilrenoviert werden konnten. Die Gorch Fock I fasziniert, durchaus! Aber es ist die Faszination, die von einer gefallenen Prinzessin ausgeht.

Nach 54 Jahren als „Towaristsch (= Genosse, Kamerad) hatte man das Schiff in Stralsund wieder auf seinen alten Namen getauft. „Gorch Fock", das war das Pseudonym des 1880 geborenen Schriftstellers Johann Kinau, der die meisten seiner Werke in niederdeutschem Platt verfasste. Heute als Autor vergessen, war er zu seiner Zeit äußerst populär. Viele seiner Geschichten idealisieren das Leben auf hoher See, und dort starb er auch: 1916 an Deck des kleinen Kreuzers Wiesbaden bei der verheerenden Schlacht am Skagerrak.

ADRESSE: Gorch Fock I: 18439 Stralsund, Hafen, → www.gorchfock1.de; Gorch Fock II: 24106 Kiel, Hafen, → www.gorchfock.de **ÖFFNUNGSZEITEN:** Gorch Fock I: April–Okt. 10–18, Nov.–März 10–16 Uhr; die Gorch Fock II ist nur von Ferne zu besichtigen. **TIPP:** Die gesamte Altstadt von Stralsund zählt seit 2002 zum UNESCO-Weltkulturerbe. Fotos o./u.: Die Gorch Fock I

29 DIE GRUBE MESSEL
Ölschiefer und die „Morgenröte der Säugetiere"

Wer sich diesem Ort nähert, wähnt sich zunächst in einem Industriegebiet. Überall Bagger, Förderbänder und Halden, die auf ausgedehnten Tagebau schließen lassen. Auch die Grube Messel wurde jahrzehntelang ausgebeutet, und als der dort reichlich vorhandene Ölschiefer keinen Ertrag mehr abwarf, hätte man sie Anfang der 1970er-Jahre beinahe in eine Mülldeponie verwandelt.

Umweltschützer und (Hobby-)Paläontologen verhinderten den Frevel. Denn dieser Krater mit rund einem Kilometer Durchmesser birgt urzeitliche Fundstücke von kaum schätzbarem Wert. Während man andernorts bereits stolz auf ein paar fossile Knöchelchen ist, blieben hier in Südhessen zahllose komplette Skelette erhalten, zum Teil mit Haut und Haaren. Man fand frühe Halbaffen, Schildkröten und schwangere Urpferdchen. Zu verdanken hat die Nachwelt dies vor allem dem erwähnten Ölschiefer. Das knapp zur Hälfte aus abgesunkenen Algen bestehende Material sorgte für einen luftdichten und konservierenden Einschluss der verendeten Lebewesen.

Erdgeschichtlich betrachtet reichen die Messeler Funde rund 47 Mio. Jahre zurück. Es ist die Zeit des Eozäns, der „Morgenröte der Säugetiere", wie es im Messeler Museumsreader so schön heißt. Kaum vorstellbar, aber bewiesen: Damals lag dieses Landstück dort, wo sich heutzutage Italien befindet. Flüssiges Gestein aus dem tiefen Erdinnern traf auf unter der Oberfläche eingeschlossenes Wasser, was eine gigantische Explosion auslöste. Das dabei entstehende vulkanische Maar war ursprünglich rund 300 m tief, während die heutige, entwässerte Grube nur noch 190 m hinabreicht. Verschiedene geführte Wanderungen erschließen das Gelände für den Gast. Außerdem steht ihm mit dem Besucherzentrum ein nicht nur anschauliches, sondern auch sehr ästhetisch gestaltetes Museum zur Ansicht. Besonders spannend: Die auf einer realen Forschungsbohrung basierende „Fahrt in die Tiefe", die den Passagier mithilfe ins Rund geworfener Projektionen mit schwindelerregender Geschwindigkeit 433 virtuelle Meter abwärts in die Welt der Gesteine führt.

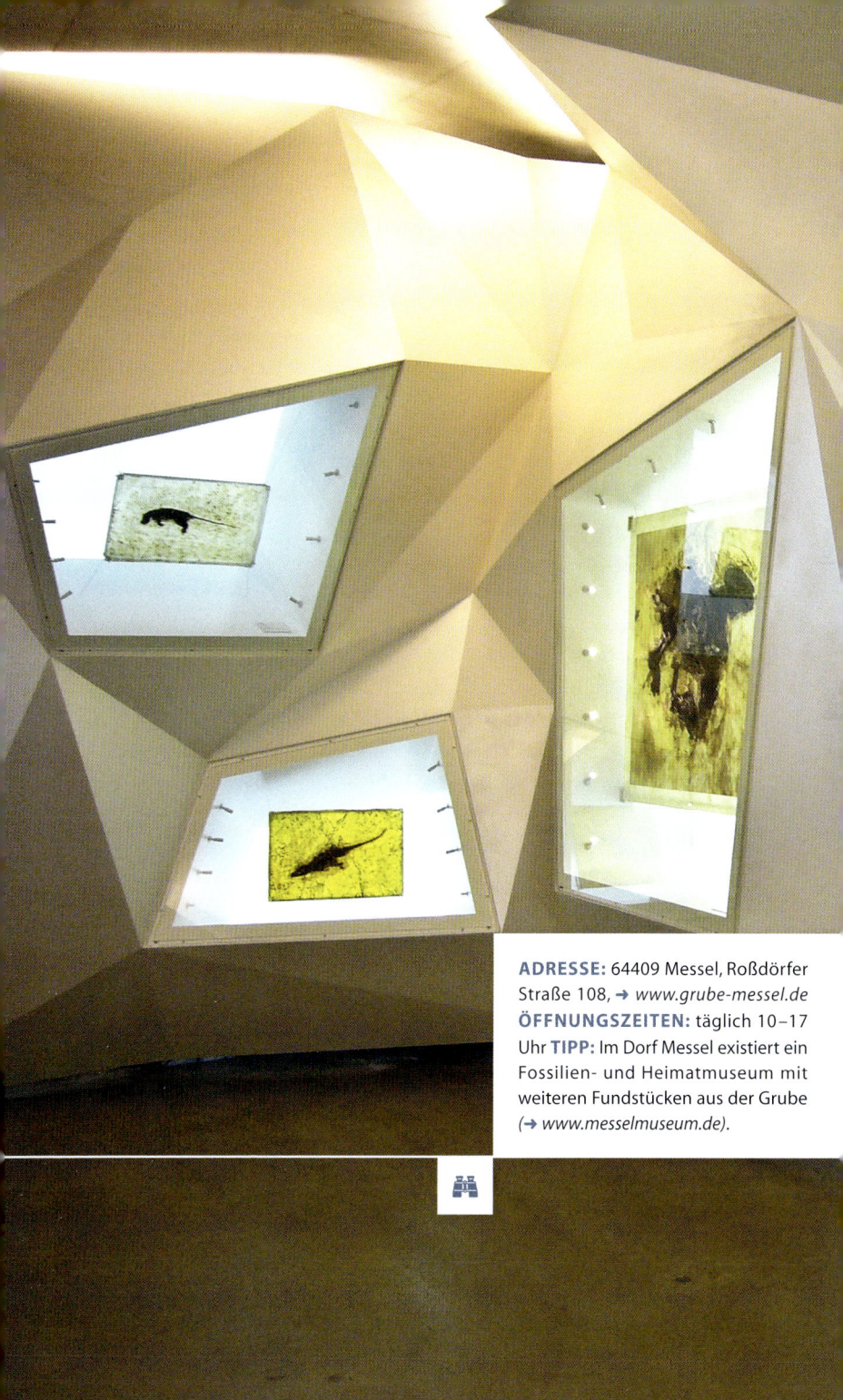

ADRESSE: 64409 Messel, Roßdörfer Straße 108, → *www.grube-messel.de*
ÖFFNUNGSZEITEN: täglich 10–17 Uhr **TIPP:** Im Dorf Messel existiert ein Fossilien- und Heimatmuseum mit weiteren Fundstücken aus der Grube (→ *www.messelmuseum.de*).

30 DER GRÜNE HÜGEL
Das Festspielhaus des Richard Wagner

Die Oper ist eine Illusionsmaschine, Blicke hinter die Kulissen können bisweilen ernüchternd wirken. Wer einmal im Orchestergraben des Bayreuther Festspielhauses gesessen hat, der weiß unmittelbar, dass auch die betörendste Musik harte, schweißtreibende Arbeit ist. 140 qm misst dieser düstere Raum, der sich wie eine gefährliche Höhle unter die Bühne frisst. Und wenn eine der großen Wagner-Opern gegeben wird, dann sitzen hier weit über hundert Menschen mit ihren zum Teil nicht gerade kleinen Instrumenten.

Auch im Zuschauerraum fallen dem Erstbesucher einige Details auf, die er in diesen heiligen, weltberühmten Hallen nicht erwartet hätte. Die Seitenwände werden von keinen opulenten Logen geschmückt, die Klappsitze im Parkett bestehen aus dünn bespanntem Holz und der Boden ist lediglich mit schlichten Dielen ausgeschlagen.

Richard Wagners (1813–1883) zeitlebens ausgeprägter Antisemitismus ging einher mit einem latenten Hass auf den Adelsstand, von dem er – ebenfalls lebenslang – abhängig blieb. 1848 war er Teil der revolutionären Aufstände in Dresden, und schon in jungen Jahren träumte er vom Bau einer Volks-, keiner Prunkoper. Mit dem ersten Spatenstich auf dem Grünen Hügel ab 1872 nahm dieser Traum reale Formen an. Vier Jahre später inszenierte er hier seinen „Ring der Nibelungen".

Die konsequente Verwendung von Holz als Baustoff hat noch einen weit bedeutenderen Hintergrund. Holz schwingt, und die Akustik in Bayreuth wird von den Intendanten, Dirigenten und Musikern aller Herren Länder unisono als einzigartig bezeichnet. Aber Brillanz fordert ihren Preis, und gerade die Männer mit dem Taktstock müssen sich in Wagners Wohnzimmer auf ganz neue Herausforderungen einlassen. Weil die Tonwellen vom Orchestergraben zunächst bis zur Bühnenrückwand wandern, um erst von dort in den Zuschauerraum geworfen zu werden, sind sie 1,5 Sekunden langsamer als die Stimmen der Sänger oben auf den Brettern. Ein Zeitunterschied, den die Furtwänglers, Karajans und Barenboims stets durch zweierlei Einsatzzeichen auszugleichen haben.

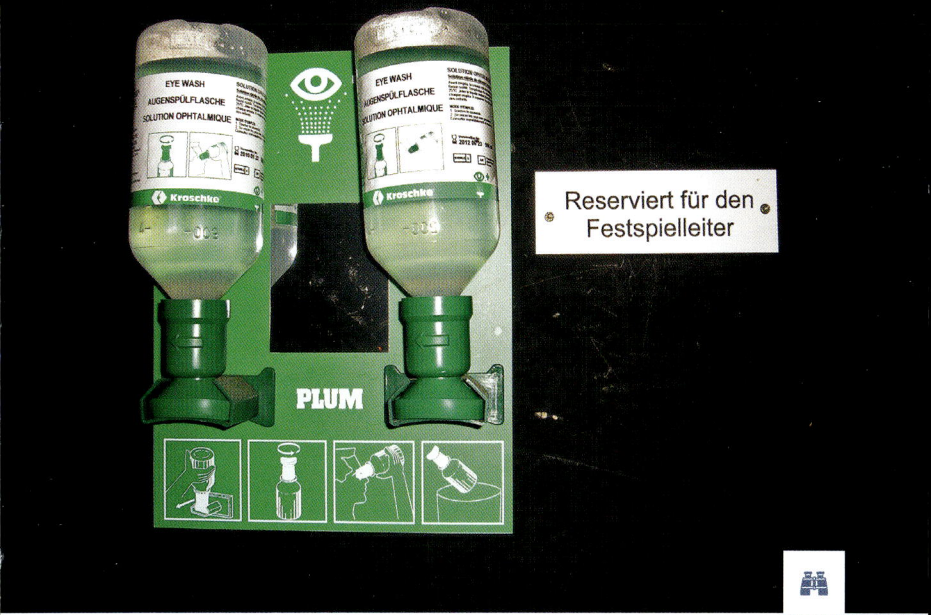

ADRESSE: 95445 Bayreuth, Festspielhügel 1, → www.bayreuther-festspiele.de
ÖFFNUNGSZEITEN: Führungen Mai, Sept. u. Okt. Di–So 10, 11, 14 u. 15 Uhr, Dez.–April 10 u. 14 Uhr **TIPP:** Wer einmal eine Aufführung in Bayreuth erleben möchte, sollte sich direkt vormerken lassen: Die Wartezeit für eine Festspielkarte beträgt 7–10 Jahre.

31 GUBEN/GUBIN
Ein deutsch-polnischer Brückenschlag

1772, 1793 und 1795, insgesamt drei Mal also, wurde Polen zwischen den europäischen Großmächten geteilt. Der Hitler-Stalin-Pakt hätte im Sinne der beiden Diktatoren das endgültige Ende dieses Staatswesens bedeutet, sah er doch die vollständige Annexion von beiden Seiten vor. Hitler nutzte diesen Vertragszusatz, um den Überfall auf Polen und damit den Beginn des Zweiten Weltkriegs gen Osten abzusichern.

Geteilt wurde dann auch die Stadt Guben an der Lausitzer Neiße, und zwar 1945. Gemäß dem Potsdamer Abkommen verlief die Grenze zwischen Polen und Deutschland nun entlang dem Fluss. Die historische Altstadt am Ostufer zählte fortan zu Polen, die westliche Vorstadt entwickelte sich eigenständig. Noch augenfälliger wurde die Trennung 1961, als man in der DDR beschloss, den Ort auf den Namen Wilhelm-Pieck-Stadt umzutaufen und damit dem hier geborenen Staatspräsidenten von 1949 bis 1960 ein Denkmal zu setzen.

Seit dem Zerfall des Ostblocks und der Wiedervereinigung Deutschlands hat sich hier einiges verändert. Guben/Gubin wurde „Europastadt" und soll einen Modellcharakter herausbilden. Die einst verfeindeten Lager dies- und jenseits des Flusses sollen zusammenwachsen, um der zweigeteilten Ortschaft als Ganzes zu dienen. Ein erster Schritt war das Schengener Abkommen von 2007, mit dem auch an der Neiße die Grenzkontrollen wegfielen. Zum Zeichen der angestrebten Annäherung zwischen Deutschen und Polen wurde zudem die (Wieder-)Errichtung verschiedener Fußgängerbrücken zwischen den Ländern. In Guben/Gubin weihte man bereits im Dezember 2007 einen Steg von besonderem Reiz ein: Führt dieser doch von beiden Seiten des Flusses zunächst auf die lange im Grenzgebiet verwitterte Theaterinsel des Ortes. Auf einem länglichen Eiland in der Neiße war 1874 das Schauspielhaus der seinerzeit wohlhabenden Tuchmacherstadt eröffnet worden, von dem sich heute noch einige Relikte erhalten haben. Noch jung ist sie, diese deutsch-polnische Liaison, und nur 30 m lang. Aber nimmt man die Symbolik ernst, dann entstand hier mehr als nur eine Brücke, nämlich: ein Brückenschlag.

ADRESSE: 03172 Guben, → www.guben.de **TIPP:** Auf polnischer Seite sieht man bereits von der Brücke aus die mächtigen Ruinen der spätgotischen Stadt- und Hauptkirche. Sowohl in Guben als auch in Gubin existieren Initiativen, die sich für ihren Wiederaufbau starkmachen.

32 DER GUTENBERG-PFAD
Die Erfindung des Herrn Gensfleisch

Gleich drei verschiedene Gutenberg-Pfade bieten sich dem Besucher an: Der erste ist ein Rundweg durchs Zentrum, den die Stadt Mainz angelegt hat. Er führt zu Stationen wie dem historischen Haus zum Korb, das einst die Druckerei von Gutenbergs Kollegen und späterem Konkurrenten Johannes Fust beherbergte. Der zweite leitet den Besucher zum Liebfrauenplatz und ins Gutenberg-Museum, wo man im 2. Stock das Leben dieses Mannes abschreiten kann.

Geboren um 1400 als Sohn einer angesehenen Patrizierfamilie, begann Johannes Gensfleisch, genannt Gutenberg, 1448 mit dem Aufbau einer Druckwerkstatt. Die revolutionäre Idee der maschinellen Verfertigung und Vervielfältigung von Schriftstücken zeitigte zwei Jahre später erste Ergebnisse in Form von Kalendern und Schulgrammatiken. Einen dritten Gutenberg-Pfad schließlich offeriert dieses Museum, indem es den Besucher mitnimmt auf eine Reise durch die Geschichte des Buchdrucks. Die exzellente Druckmaschinen-Sammlung im Untergeschoss korrespondiert auf den oberen Etagen mit einer reichhaltigen Chronik zu deren Erzeugnissen. Hunderte von Bibeln, Lehrbüchern und Zeitungen spiegeln die über 550-jährige Entwicklung der Druckerzeugnisse.

Ebenfalls im 2. Stock des Museums findet sich ein kleiner Raum, der zum Schutz der Druckwerke noch etwas stärker abgedunkelt ist als die restliche Ausstellung. Hier betritt man die eigentliche Schatzkammer des Hauses. Nebeneinander aufgereiht liegen dort gleich zwei echte B42er. Zwei Kolumnen (Spalten) à jeweils 42 Zeilen im Blocksatz – so setzte Gutenberg 1452–55 seine lateinische Bibel, das erste gedruckte Werk von Weltrang. Um ein möglichst einheitliches Schriftbild zu erhalten, fertigte er 290 verschiedene Buchstaben, Ligaturen, Abkürzungen und Satzzeichen an. Lediglich die – sehr aufwendigen – farbigen Initialen und Zeichnungen wurden nachträglich per Hand eingefügt. 1455 besuchte Gutenberg dann die nahe Frankfurter Messe, wo seine Erfindung unter anderem vom späteren Papst Pius II. bewundert wurde. Der Mainzer verkaufte sämtliche rund 160 Exemplare. Der Rest ist Geschichte.

Absender: ☐ Frau ☐ Herr

Name, Vorname

Straße

PLZ   Ort

Ich bin damit einverstanden, dass meine Angaben gespeichert und automatisch verarbeitet werden.

Die Vergangenheit entdecken

»Archäologie in Deutschland« bietet Ihnen Infos aus erster Hand, Lesevergnügen und Kompetenz zugleich. Kommen Sie mit auf eine Zeitreise durch alle Epochen!
Mehr Infos unter:
www.aid-magazin.de

Antwort/
Postkarte

Bitte freimachen, falls Marke zur Hand

Konrad Theiss Verlag
GmbH
Postfach 10 48 27

70042 Stuttgart

Möchten Sie mehr Infos?

GESCHICHTE. ARCHÄOLOGIE. LANDESKUNDE.

Gerne senden wir Ihnen regelmäßig unsere aktuellen Prospekte.

Bitte kreuzen Sie an, welche Themenbereiche Sie interessieren:

☐ **Vor- und Frühgeschichte**
☐ **Antike**
☐ **Mittelalter**
☐ **Neuere Geschichte / Zeitgeschichte**

☐ Ich möchte mit dem **Theiss-Newsletter** über Bücher und Angebote informiert werden. Meine E-Mail-Adresse lautet:

_____

☐ Bitte senden Sie mir zum Kennenlernen ein Probeheft der Zeitschrift »**Archäologie in Deutschland**«, kostenlos und unverbindlich.

☐ Ich möchte mit dem **Newsletter zur** »**Archäologie in Deutschland**« über archäologische Nachrichten und Themen informiert werden. Meine E-Mail-Adresse lautet:

_____

Ihre Anregungen und Hinweise für uns:

_____
_____

ADRESSE: 55116 Mainz, Liebfrauenplatz 5,
→ *www.gutenberg-museum.de* **ÖFFNUNGS-
ZEITEN:** Museum: Di–Sa 9–16, So 11–15 Uhr
TIPP: Aus der Gutenbergzeit original erhalten hat sich der Kreuzgang des Mainzer Domes, ebenfalls Teil des städtischen Gutenberg-Pfades.

33 HAITHABU
Die Wikinger vom Haddebyer Noor

Wer vor 1 000 Jahren per Schiff von der Nord- in die Ostsee wollte, der musste die komplette Kimbrische Halbinsel umrunden: 450 km bis zum dänischen Kap Skagen und wieder zurück. Oder aber er wandte sich an die Wikinger von Haithabu.

Diese ebenfalls dänischen Kriegs- und Kaufleute hatten sich einen strategisch exzellenten Wohnort ausgesucht. Zum einen liegt Haithabu an der ohnehin schmalsten Stelle zwischen beiden Meeren, zum anderen endet dort mit dem seeartigen Haddebyer Noor die Schlei, die über 40 km bequem bis ins offene Wasser der Ostsee führt. Und mit dem Ochsenweg verlief hier obendrein die wichtigste Nord-Süd-Verbindung des norddeutsch-dänischen Raumes.

Steht man heutzutage an dieser idyllischen Bucht, fällt es schwer zu glauben, dass hier einst die bedeutendste Handelsmetropole Nordeuropas existierte. Ein sanfter Wind kräuselt das flache Wasser, friedliches Vieh grast im hüfthohen Grün. Und eine Handvoll rekonstruierter Wikingerhütten steht für jene mittelalterliche Großstadt, die einst mindestens 1 500 Menschen beherbergte.

Haithabu wurde in der zweiten Hälfte des 8. Jh. gegründet und wuchs im Laufe des folgenden Jh. stetig. Handelsbeziehungen mit dem nur ein paar Kilometer weiter südlich beginnenden Frankenreich schwemmten Geld in die Stadt und zogen Kaufleute und Handwerker an. In Haithabu wirkten die Spitzenkräfte ihrer jeweiligen Zunft, seien es Metallgießer, Gold- und Waffenschmiede oder Schiffsbauer. Die reichhaltigen Funde aus jener Zeit werden mittlerweile in einem sehr informativ gestalteten Museum vor Ort präsentiert. Hier lernt man, wie die Runensteine von Haithabu zu lesen sind (von unten nach oben und wieder nach unten), und auch, wie es zu Ende ging mit der Herrlichkeit am Haddebyer Noor. Schon 934 hatten die Dänen in der „Schlacht von Haithabu" eine verheerende Niederlage gegen die Truppen des ostfränkischen Königs Heinrich I. erlitten. 130 Jahre später beendeten Plünderungen durch eindringende Westslawen die Geschichte des Ortes endgültig.

ADRESSE: 24866 Busdorf, Am Haddebyer Noor 5, ➔ *www.schloss-gottorf.de/haithabu*
ÖFFNUNGSZEITEN: Wikinger-Museum samt Freilichtanlagen: April–Okt. tägl. 9–17, Nov.–März Di–So 10–16 Uhr **TIPP:** Auch der berühmte Goldschatz von Hiddensee, heute im Kulturhistorischen Museum Stralsund, wurde möglicherweise in Haithabu gefertigt (s. S. 70 u. ➔ *www.stralsund.de*).

34 DIE HALLERTAU
Galgengärten im Hopfenland

Die Deutschen und das Bier – dieser speziellen Liaison nähert man sich am besten von der Basis her. Bier besteht laut Deutschem Reinheitsgebot von 1516 ausschließlich aus Wasser, Hefe, Malz und Hopfen. Und während man jene ersten drei Ingredienzen beinahe überall findet, ist die vierte regional verankert. Die zentralbayrische Hallertau liefert heutzutage über 80 % des deutschen Hopfens und bestreitet damit fast ein Drittel des Weltmarktes.

Fährt man durch diese grünen, sanft gewölbten Gefilde, fühlt man sich wie im Land der Galgenbäume. Hopfen wächst an hohen, schlanken, entasteten Baumstämmen, in sogenannten Stockgärten. Und er wächst wie der Teufel. Rund zweieinhalb Monate vergehen von der Pflanzung Ende April bis zur Ernte im Juni. 7–8 m klettert die Ranke in dieser Zeit in die Höhe und bis zu 30 cm am Tag. Kein anderes europäisches Kraut kann sich damit messen.

In früheren Zeiten wurde der Hopfen in allen deutschen Landen angebaut. Die begehrten Dolden neigen allerdings zur Fäulnis, sobald sie mit Feuchtigkeit in Berührung kommen, und für Ochsenkarren waren die benötigten Mengen zudem viel zu schwer. So erfolgte erst mit der Industrialisierung die Konzentration auf einige wenige, besonders geeignete Anbaugebiete, von denen schließlich die Hallertau übrigblieb.

Wer das alles genau wissen möchte, fahre nach Wolnzach. Denn dort befand sich nicht nur die erste Siegel- und Waagstelle für Hopfenballen, sondern dort steht heute auch das Deutsche Hopfenmuseum. Hier erfährt man zum Beispiel, dass Hopfen von alters her auch der Gesundheit diente. Kleinkinder sollten mit seiner Hilfe friedlicher einschlafen, Frauen schmerzfreier durch die Menstruation kommen. Stets im Vordergrund der Hopfenzucht standen jedoch die Aroma- und Bitterstoffe der vielseitigen Pflanze. Schon die Wikinger pflegten den Hopfenanbau, um damit Bier zu brauen. Dies bestätigen Funde in der schleswig-holsteinischen Nordmänner-Siedlung Haithabu (s. S. 80). Und dass das eine gute Idee war, merkt man während eines Museumsrundgangs zunehmend: Man bekommt nämlich höllischen Durst.

ADRESSE: Deutsches Hopfenmuseum, 85283 Wolnzach, Elsenheimerstraße 2, ➔ *www.hopfenmuseum.de* **ÖFFNUNGSZEITEN:** Di–So 10–17 Uhr **TIPP:** In Wolnzach erschließt zudem ein 4 km langer Rundweg die Hopfen- und Kulturlandschaft Hallertau (➔ *www.wolnzach.de*).

35 DAS HAMBACHER SCHLOSS
Freiheitlich in Schwarz-Rot-Gold

Das Jahr 1832 steht heute für zwei bedeutsame historische Ereignisse. Am 22. März starb Johann Wolfgang von Goethe, der Kopf der Weimarer Klassik. Zwei Monate später, am 27. Mai, versammelten sich in Neustadt (an der heutigen Weinstraße) rund 30 000 Menschen, um hoch hinauf zum Hambacher Schloss zu ziehen. Der Protestmarsch war als „Fest" angekündigt worden, und tatsächlich wurde in den nächsten vier Tagen auch ordentlich gesungen, getanzt und getrunken. Im Vordergrund jedoch standen massive politische Forderungen, die bei solch einer großen Menschenmenge naturgemäß recht heterogen ausfielen. Orientierten sich manche noch an der Französischen Revolution und ihrem radikalen Umsturz, wollten andere deutlich moderatere Wege einschlagen. Die wesentlichen Ziele hingegen formulierten alle Teilnehmer gleich: ein deutscher Einheitsstaat sowie Demokratie inklusive Meinungs- und Pressefreiheit. Man mag sich wundern, warum solch eine aufwieglerische Kundgebung auf einem Schloss stattfinden konnte. Zumal es sich hier nicht zuletzt um Studenten und sonstige eher arme und unaristokratische Schichten handelte. Aber die Hambacher Trutzburg war seit dem 16. Jh. eine Ruine, ihre hochherrschaftliche Vergangenheit diente den Protestierenden lediglich als symbolträchtiger Aufhänger. Renoviert wurde das Gebäude erst in den Jahren 1980–82, sodass es zum 150. Jubiläum des Hambacher Festes in neuem Glanz erstrahlte.

Seit 2008 findet sich im 5. Stock des Gebäudes eine Dauerausstellung zu den Ereignissen von damals. „Hinauf, hinauf zum Schloss" heißt sie, getreu dem Motto der einstigen Demonstranten. Zwar zeitigte das Hambacher Fest keine unmittelbaren Folgen, dennoch zeigen die historischen Dokumente Verbindungslinien auf, ob zur Revolution von 1848 oder zur Gründung der ersten Frauenrechtsvereine. Rein optisch manifestierte sich die Hambacher Feier in einem ganz bestimmten Farbenmix, der ebenfalls von historischer Reichweite sein sollte. In Anknüpfung an das Wartburgfest entschied man sich für die Farben der freiheitlichen Jenaer Urburschenschaft, was bedeutete: „Hinauf, hinauf zum Schloss" zog damals ein Meer in Schwarz-Rot-Gold.

ADRESSE: 67434 Neustadt an der Weinstraße, → *www.hambacher-schloss.de*
ÖFFNUNGSZEITEN: April–Okt. 10–18, Nov.–März 11–17 Uhr **TIPP:** Vom Schloss aus genießt man einen sehr schönen Panoramablick über die weite Ebene der Deutschen Weinstraße (s. S. 202).

36 DAS HAUS DER GESCHICHTE...
... der Bundesrepublik Deutschland

Der von Ex-Kanzler Helmut Kohl angeregte Name dieses Hauses mag zunächst vermessen klingen. Aber der meistens verschluckte Zusatz „... der Bundesrepublik Deutschland" schränkt die Chose doch schon ein wenig ein. Um die Zeit nach dem Zweiten Weltkrieg geht es hier, um die Jahrzehnte seit der Kapitulation, auf die die Gründung zweier deutscher Staaten folgte und 1990 die Wiedervereinigung. Der Standort tief im Westen des Landes ist gut gewählt: Denn natürlich wird hier auch die Ära der Bonner Republik verhandelt, wie sie wegen ihrer Interimshauptstadt von 1949 bis 1990 genannt wurde.

Das Haus der Geschichte birgt ein Museum der schnellen Schnitte, hier ist „action" angesagt. Das Ausstellungskonzept wurde nicht zuletzt auf Jugendliche zugeschnitten, deshalb kommen die Informationen durchweg bunt, knackig und interaktiv daher. Hier fiepen alte Radios, dort fauchen Musikboxen und flirren Fernseher. In weiten Zirkeln schraubt man sich immer höher, räumlich wie zeitlich. Der Besucher passiert Installationen zu den großen deutschen Nachkriegsskandalen wie der Spiegel-Affäre, der Premiere von Rolf Hochhuths „Stellvertreter" oder dem Mord an Benno Ohnesorg. Man begegnet bedeutenden Persönlichkeiten wie Konrad Adenauer, Rudi Dutschke und Joseph Beuys genauso wie internationalen Pop- und Filmstars, die für die nationale Kultur nicht minder prägend waren. Ein Themenraum jagt den nächsten, ein Schaufeld wirkt voller als das vorige: Vieles erinnert an die rasanten Clips der Musiksender.

Dennoch kommt hier ein jeder auf seine Kosten. Die Vielzahl der Exponate aus allen Jahrzehnten ermöglicht dem Besucher seinen ganz privaten, autobiografischen Rundgang zu machen, nostalgische Déjà-vus inklusive. Der eine mag ein bestimmtes Auto wiedererkennen, in dem er seine ersten romantischen Erlebnisse hatte, die andere wiederum entdeckt jene Schallplatte, die ihr Mut zur Flucht aus der dörflichen Enge und Strenge machte. Und so wirkt dieses Museum wie ein Fotoalbum: Es spiegelt nicht nur die Geschichte der Bundesrepublik, sondern stets auch die der Kindheit und Jugend des (in Deutschland aufgewachsenen) Betrachters.

ADRESSE: 53113 Bonn, Willy-Brandt-Allee 14, → *www.hdg.de/bonn*
ÖFFNUNGSZEITEN: Di–Fr 9–19, Sa u. So 10–18 Uhr **TIPP:** Das Haus der Geschichte ist Teil der Bonner Museumsmeile. Innerhalb weniger Hundert Meter erreicht man hier das Kunstmuseum Bonn, die Kunst- und Ausstellungshalle der BRD sowie das Museum König mit seiner umfangreichen Sammlung präparierter Tiere.

37 DAS HEIDELBERGER SCHLOSS
Romantisch-ruinöse Renaissance am Neckar

Wenn ein Japaner einen Chinesen fotografiert, der einen Koreaner vor der Linse hat, dann ist man am Heidelberger Schloss. – Kalauer wie dieser kursieren so einige am Neckar, und sie entbehren nicht einer gewissen Prise Wahrheit. Das Heidelberger Schloss ist eine der meistbesuchten deutschen Sehenswürdigkeiten und vor allem ein Synonym für deutsche Schlösserromantik.

Für das klischierte Bild verantwortlich sind zu Teilen sicherlich die idyllische Lage über dem Neckar sowie der rötlich schimmernde Sandstein, der hier verbaut wurde. Hinzu kommt der seit der Brandschatzung Ende des 17. Jh. erhaben-ruinöse Zustand der Anlage. Mit der Spätromantik hatte in der ersten Hälfte des 19. Jh. hierzulande eine Rückbesinnung auf das Deutschtum begonnen. Volkslieder und Märchen wurden gesammelt und der Ruf nach Einheit des Reiches immer lauter. In diesem Sinne besangen und verklärten die Dichter auch das vom französischen Erzfeind verwüstete Schloss zum nationalen Symbol.

Der Eindruck, hier zwischen den Überresten eines Kolosseums zu stehen, geht durchaus in die richtige Richtung. Denn mit dem Ottheinrichsbau aus dem mittleren 16. Jh. steht an der Ostseite eines der frühesten deutschen Renaissancegebäude. Wegen seiner Figuren aus der antiken Götterwelt galt es der umliegenden Christenheit lange als der „heidnische Bau" innerhalb des Palastensembles. Heidnisch-dionysisch wirkt auch jene Sehenswürdigkeit, die direkt hinter dem Tor unter der Erde ruht: das Große Fass. 220 000 Liter Wein gehen in dieses wirklich unfassbar große, 7 x 8,5 m messende Behältnis. Jedenfalls theoretisch! Denn wie seine Vorgänger ab dem 16. Jh. hat auch dieses vierte Fass nie richtig funktioniert. Mal leckte es, mal schlug der Wein um. Wahrscheinlich war das auch besser so, handelte es sich dabei doch um einen recht verdächtigen Rebencocktail: Im Großen Fass wurde der gesamte Zehntwein der Kurpfalz verpanscht. Wer nach gesünderen Liquiden sucht, sollte den erwähnten Ottheinrichsbau schräg gegenüber aufsuchen. Denn dort ist das Deutsche Apotheken-Museum untergebracht.

ADRESSE: 69117 Heidelberg, → www.heidelberg-schloss.de
ÖFFNUNGSZEITEN: März–Nov. 9.30–18, Dez–Feb. 10–17 Uhr **TIPP:** Wer dem Heidelberger Trubel entfliehen möchte, besuche die heutzutage verwunschene, einst von den Nazis angelegte „Thingstätte" – das Amphitheater auf dem Heiligenberg am jenseitigen Neckarufer.

38 DIE HIMMELSSCHEIBE VON NEBRA
Das Geheimnis der Goldenen Barke

3 600 Jahre lang lag die weltberühmte Himmelsscheibe auf dem Mittelberg vergraben. Am Fundort, tief im Wald und hoch über der Unstrut, steht heute ein quer geschlitzter Turm. Wie die goldenen Bögen der Scheibe markiert auch dieser Schlitz die Sonnenwenden, jene zugleich mythologisch und landwirtschaftlich bedeutsamen Zeitmarken des Jahres. Oben vom Turm aus blickt man genau auf das große Panoramafenster der Arche Nebra, die der „Goldenen Barke" im unteren Bereich der Scheibe nachempfunden ist. Das moderne Besucherzentrum in Form eines Himmelsschiffs widmet sich sowohl den Erkenntnissen zur Scheibe als auch den Fragen, die sie weiterhin aufwirft.

Entdeckt worden war dieses einzigartige Objekt im Juli 1999 von zwei Sondengängern. Schon am Folgetag verkauften sie den gesamten Fund, zu dem noch einige Schwerter, Beile und Armreifen gehörten. Die Odyssee von einem Hehler zum nächsten endete erst im Februar 2002, als die Schweizer Polizei den kompletten Raub sicherstellte. Wer die Himmelsscheibe heute besichtigen möchte, muss sich zum Landesmuseum für Vorgeschichte in Halle aufmachen. In einem völlig abgedunkelten Raum, mit eigener Bewachung und hinter dickem Panzerglas strahlt dieser stellare Navigationsdiskus eine kontemplative Ruhe aus. Während der Vorraum Interpretationen zur Funktion und Symbolik der Scheibe liefert, kommt man im Kinosaal des Museums u. a. der Handwerkskunst unserer Vorfahren aus der Bronzezeit näher. Für einen Lehrfilm machten sich junge Goldschmiede daran, den bronzenen Diskus mit historischen Werkzeugen und Methoden nachzubauen.

Der Himmelsscheibe am nächsten kommt man trotz Museum und Besucherzentrum dennoch auf dem Mittelberg. Nicht allzu viele Besucher schaffen es bis hier hoch. Allein mit dem Berg und dem Wald, bei tiefstehender Sonne vielleicht, entwickelt sich ein Gefühl für die Vorzeit und die einstige Bedeutung der Scheibe. Über die Kuhle, in der man sie fand, ist heute eine leicht konvexe Scheibe gespannt. Und in der spiegelt sich – sinnreich – der Himmel.

ADRESSE: Landesmuseum: 06114 Halle, Richard-Wagner-Straße 9, → www.himmelsscheibe.de; Arche Nebra: 06642 Nebra-Kleinwangen, An der Steinklöbe 16, → www.himmelsscheibe-erleben.de; Fundort: Gipfel des Mittelberges **ÖFFNUNGSZEITEN:** Landesmuseum: Di–Fr 9–17, Sa u. So 10–18 Uhr; Arche: April–Okt. tägl. 10–18, Nov.–März Di–Fr 10–16, Sa u. So 10–17 Uhr **TIPP:** 20 km südöstlich des Fundorts liegt das vorzeitliche Sonnenobservatorium von Goseck (→ www.sonnenobservatorium-goseck.info).

39 DIE HÖCHSTEN DEUTSCHEN WASSERFÄLLE

„Bäche stürzen – Brunnen quellen"

Der höchste deutsche Wasserfall, ganz klar, ist der bayrische Röthbachfall. Der stürzt nämlich insgesamt rund 470 m in Richtung Königssee. Aber sein Weg führt über nackten Fels, und schwer zugänglich ist er auch. Ganz anders sieht es aus mit jenen beiden Fällen, die ebenfalls seit Jahr und Tag behaupten, die größten zu sein.

In Triberg im Schwarzwald geht man in dieser Hinsicht sehr geschickt vor und spricht direkt von den Triberger Wasserfällen. Der bewusst verwendete Plural zollt der Tatsache Rechnung, dass die Gutach hier zwar ganze 163 vertikale Meter bewältigt, aber eben nicht am Stück. Die Triberger Fälle überwinden mehrere Stufen, die längste Fallstrecke misst knapp 30 m. Ungeachtet dessen bleibt dieses Naturschauspiel beeindruckend, und die Menschenhand hat dabei geholfen, das Spektakel noch toller zu machen: Über die erwähnten Kaskaden führen mehrere Stege, die furchteinflößende, je nach Wassermassen auch manchmal feuchte Blicke in die Tiefe offerieren. Weitaus gemütlicher geht es hingegen im tief eingeschnittenen Taldörfchen Triberg zu, einem Zentrum für Kuckucksuhren und regionale Holzschnitzereien.

Auch der Todtnauer Fall südlich von Freiburg ergießt sich nicht gänzlich frei gen Tal, sondern schlägt hin und wieder an Felsen. Er bewältigt seine 97 Gesamtmeter über vier Stufen, wobei der letzte freie Fall immerhin über 60 m reicht. Das bedeutet, dass auch dieser Wasserfall sich – auf seine Art – als der größte bezeichnen darf. Besonders charmant ist hier zudem die Umgebung. Vom kleinen Höhenort Todtnauberg aus erreicht man den Fall mit einem 20-minütigen Waldspaziergang und erklettert ihn dann von oben her. Todtnauberg selbst verfügt mit der hoch über dem Dorf wachenden Fatima-Kapelle und der Martin-Heidegger-Hütte über zwei veritable Sehenswürdigkeiten. Den Todtnauer Fall erwähnt der berühmte Philosoph (Hauptwerk: „Sein und Zeit", 1927) sogar in einem kleinen Gedicht: „Wälder lagern/ Bäche stürzen/ Felsen dauern/ Regen rinnt./ Fluren warten/ Brunnen quellen/ Winde wohnen/ Segen sinnt."

ADRESSE: 83471 Schönau am Königssee, → www.königssee.com; 78098 Triberg im Schwarzwald, www.triberg.de; 79674 Todtnau, → www.todtnauer-ferienland.de **TIPP:** Rund um Todtnauberg der reizvolle Martin-Heidegger-Weg. Foto o.: Todtnau, u.: Triberg

40 DAS HOFBRÄUHAUS
Oans, zwoa, g´suffa!

Das Münchner Hofbräuhaus hinterlässt beim Besucher einen zwiespältigen Eindruck. Hierhin kommt man offensichtlich gerne im Rudel, als feuchtfröhlicher Kegelverein oder als Haufen auswärtiger Fußballfans, der sich für die Klatsche bei den Bayern warmtrinkt. Jedes touristische und vor allem jedes bayrische Klischee wird hier übererfüllt. Die „Musi" erlaubt nichts außer Blasinstrumenten, die einheimischen Herren tragen Gamsbart und Krachlederne, und die bedirndelten Serviererinnen, so scheint es, werden nach Körbchengröße bezahlt. Voluminöser kommen nur noch die bayrischen Humpen daher. Hat man einmal so einen kompletten Liter Bier, so ein echtes Maß im dickwandigen Glas vor sich stehen, dann hilft nur noch der Refrain des Hofbräuhaus-Liedes: „Oans, zwoa, g´suffa!"

„Gemütlich" ist wahrlich etwas anderes, aber hier gewesen sein sollte man schon einmal. Denn das Hofbräuhaus ist durchaus mehr als eine überlaufene Touristenschwemme. Hier wurden seit dem 16. Jh. die bayrischen Wittelsbacher mit Bier versorgt. Und darüber hinaus: Durch die Verpflichtung der Münchner Wirte, ihren Gerstensaft aus der hofeigenen Brauerei zu beziehen, floss nicht nur Bier in die Kehlen, sondern auch Geld in die höfischen Kassen.

Politik wurde auch späterhin gemacht. Im Hofbräuhaus rief man zu Palmsonntag des Jahres 1919 die Kommunistische Räterepublik aus. Ein Jahr später hingegen gründeten Hitler und seine Verbündeten hier die NSDAP. Da war dieser Bierpalast längst zu einem symbolisch aufgeladenen Ort geworden, an den langen Biertischen wurde die Macht verhandelt – zumindest die über Bayern.

Im Zweiten Weltkrieg fast vollständig zerstört, erstrahlt das große Haus am Platzl längst wieder in alter Pracht. Seit 1852 ist es im Besitz des bajuwarischen Staates, der es wohl auch nicht so schnell wieder hergeben wird. Bis zu 35 000 Tagesgäste bescheren ihm jährliche Einnahmen in zweistelliger Millionenhöhe. Selbst wenn man also scheitert bei dem Versuch, die bestellte Maß auch wirklich zu leeren, darf man das Gefühl haben, einem guten Zweck zu dienen: dem Wohlergehen Bayerns.

ADRESSE: 80331 München, Platzl 9,
➔ www.hofbraeuhaus.de **ÖFFNUNGS-ZEITEN:** täglich 9–23.30 Uhr
TIPP: Wer sich im Hofbräuhaus einmal als echter, ausländischer Tourist fühlen will, der muss nach Las Vegas. Denn dort, 4510 Paradise Road, steht eine originalgetreue Nachbildung der Schänke (➔ www.hofbrauhauslasvegas.com).

41 DAS HOLSTENTOR
Der schiefe Turm von Lübeck

Der Charme alter Gebäude besteht nicht zuletzt darin, dass sie kaum einen rechten Winkel aufweisen und damit die geläufigen geometrischen Normen brechen. Für den Betrachter repräsentieren sie so einen gewissen Nonkonformismus, der sie aus der großen Masse der stromlinienförmigen Zweckbauten heraushebt.

Nicht anders ist das im Falle des Lübecker Holstentores. Hobbyfotografen aus aller Welt verzweifeln tagtäglich bei dem Versuch, dem trutzigen Tor ein elegant komponiertes Bild abzuringen. Ihr Scheitern hat keineswegs mit optischen Fluchtlinien zu tun, sondern mit dem Gebäude selbst. Das Holstentor ist aus jeder Perspektive krumm und schief, und dies sogar schon seit seiner Erbauung. Entstanden zwischen 1464 und 1478, neigte sich der Südturm bereits nach kurzer Zeit nach innen, zu seinem Bruder hin. Zwar hatte man eigens ein stabiles Balkenrost-Fundament aufgeschüttet, aber darunter blieb der Boden morastig und instabil. Das viele Tonnen schwere Bauwerk mit seinen bis zu 3,50 m dicken Mauern sackte mal hier, mal dort hin und vor allem abwärts. Die untersten Schießscharten des Festungsbaus liegen heutzutage gut einen halben Meter unter der Erdoberfläche, von hier aus erlegt man höchstens noch Maulwürfe.

Ohnehin galt das Holstentor schon im 16. Jh. als veraltet, der zeitgenössischen Waffentechnik hätte es nicht mehr standgehalten. Dass es sich dennoch zum Wahrzeichen der Hansestadt entwickelte, verdankt es mehreren eher zufälligen Entscheidungen der Bürgerschaft. So wurde 1853 das außerordentlich hübsche, 1585 im Renaissancestil errichtete Äußere Tor (auch Krummes Tor genannt) abgerissen. Solange es stand, verdeckte es den Blick auf das Holstentor feldseitig komplett. Und zehn Jahre später wäre beinahe auch dieses zerstört worden. Mit nur einer Stimme Mehrheit beschloss man die Sanierung statt der Planierung. Der Rest ist bekannt: Das Holstentor machte Karriere als Touristenattraktion. Bis 1991 schmückte es die 50-Mark-Scheine der Bundesbank, heute findet man es auf so mancher 2-Euro-Münze. Dort allerdings – Perspektive hin, Realität her – stehen seine Türme kerzengerade.

ADRESSE: 23552 Lübeck, Holstentorplatz, → *www.luebeck.de*
ÖFFNUNGSZEITEN: Jan.–März Di–So 11–17, April–Dez. Mo–So 10–18 Uhr **TIPP:** Seit 1950 ist in den Räumen des Holstentores das Lübecker Stadtmuseum untergebracht. Unter den vielen weiteren Sehenswürdigkeiten der Stadt sei das nahegelegene Buddenbrook-Haus herausgehoben.

42 DIE KAISERBÄDER VON USEDOM
Bansin – Heringsdorf – Ahlbeck

Wie eng die Kaiserbäder von Usedom mit dem maritimen Tourismus verknüpft sind, zeigt sich am deutlichsten an der Geschichte Bansins. Der nördlichste der drei Orte wurde Ende des 19. Jh. zunächst ausschließlich als Badeanstalt gegründet. Bald entstanden erste Hotel- und Pensionsbauten, aber der erste ständige Einwohner war 1896 der Malermeister Max Vahl. Drei Jahre später war der neue Flecken auf 100 Seelen angewachsen, die sich vom alten, landeinwärts gelegenen Dorf Bansin abnabelten. Mit der Bestätigung ihrer kommunalen Selbstständigkeit durch den Kaiser war das „Seebad Bansin" geboren.

Unter dem hehren Namen Kaiserbäder firmierten Bansin, Heringsdorf und Ahlbeck bereits vor über hundert Jahren. Nicht von ungefähr, denn die Usedomer Bäderarchitektur entlang den Promenaden kommt ausgesprochen prunkvoll daher. Außerdem verkehrte hier schon frühzeitig die High Society aus Politik, Wirtschaft und Kultur bis hoch zum jeweiligen Kaiser. Weil sich in den hinteren, bescheideneren Häuserreihen jedoch auch zunehmend Volk aus der preußischen Hauptstadt einquartierte, gelangte Usedom noch zu einem weitaus profaneren Titel: die Badewanne Berlins.

Zum weithin sichtbaren Wahrzeichen der Bäder entwickelten sich ihre ausladenden Seebrücken. Schon damals tat sich der Heringsdorfer Steg hervor. Gut 500 m erstreckte er sich ab 1893 in die Ostsee und trug Restaurantgebäude, Pavillons und schicke Geschäfte auf seinem hölzernen Rücken. Brände und fehlende Mittel sorgten nach 1945 für den Verfall der mondänen Anlagen, bevor man sich in den 1990er-Jahren an die Wiedererrichtung machte.

Während die südliche Ahlbecker Brücke einen weiten Blick über die gesamte Strandpromenade und bis nach Polen offeriert, kann Heringsdorf u. a. mit einer Komplettüberdachung bis zum Ende punkten. Der bescheidene Steg von Bansin hingegen präsentiert sich zwar bar jeglicher Bebauung, verläuft dafür jedoch am knappsten über dem Meer. Auf seinen 285 m erlebt der Besucher deshalb vielleicht am intensivsten, wie es ist, mal tatsächlich „übers Wasser zu gehen".

ADRESSE: 17419 Ahlbeck, 17429 Bansin, 17424 Heringsdorf, → *www.drei-kaiserbaeder.de* **TIPP:** Im alten Bansiner Feuerwehrgebäude residiert heute das „Hans-Werner-Richter-Haus", gewidmet dem Initiator der Gruppe 47 (→ www.bansin-info.de). Foto o.: Ahlbeck, M.: Bansin, u.: Heringsdorf

43 DIE KARL-MAY-ORTE
Von Hohenstein-Ernstthal nach Radebeul

Mitte des 19. Jh. war die Industrialisierung in England in vollem Gange. Eine Folge: Die noch zu Hause am Webstuhl sitzenden deutschen Weber verarmten, weil der Markt von britischen Massenprodukten überschwemmt wurde. In solch eine darbende Weberfamilie wurde Karl May als fünftes von 14 Kindern 1842 geboren.

32 Jahre später verkörperte dieser junge Mann das, was man heutzutage eine verkrachte Existenz nennen würde. Insgesamt acht Jahre hatte er wegen zahlloser Delikte (v. a. Betrug, Diebstahl, Hochstapelei) in Gefängnissen verbracht, als er 1874 ins Haus seiner Eltern zurückkehrte. Nun jedoch erinnerte sich der Tunichtgut an eine alte Leidenschaft und begann zu schreiben. Heute gehört Karl May zu den meistgelesenen Autoren der Welt. Seine Reise- und Abenteuerbücher wurden in rund 40 Sprachen übersetzt, bei einer Auflage von über 200 Millionen Exemplaren.

Beide Gebäude, sein Geburtshaus in Hohenstein-Ernstthal und die Radebeuler Villa Shatterhand, fungieren heute als Karl-May-Museum. Innen wie außen lässt sich der gesellschaftliche Aufstieg des Sachsen ablesen. Hier das kleine, geduckte Häuschen seiner Kindheit und dort die pompöse Villa mit ausladendem Garten, schickem Mobiliar und einer extravaganten Indianer- und Exotica-Sammlung.

Auch als mittlerweile berühmter Schriftsteller kamen ihm seine früh erworbenen Fähigkeiten als Hochstapler zugute. So behauptete er beispielsweise über Jahre, wirklich jener Old Shatterhand bzw. Kara ben Nemsi zu sein, von dem seine Bücher handeln. Seine Leser folgten ihm dabei gerne, die vermeintliche Authentizität schürte den Verkauf. Ebenso nahmen sie ihm die Behauptung ab, der Bärentöter und der Henry Stutzen seien echte Waffen aus dem Wilden Westen. Und Winnetous Silberbüchse, erklärte May, habe er gar eigenhändig aus dem Grab des Blutsbruders gerettet, weil dieses von den Ogallalas geschändet zu werden drohte. Derartige Legenden zu vertreten, erfordert schon einige Chuzpe, zumal er sich jene Gewehre in Wirklichkeit ganz in der Nähe besorgt hatte: bei dem Dresdner Büchsenmacher Oskar Max Fuchs.

ADRESSE: Geburtshaus: 09377 Hohenstein-Ernstthal, Karl-May-Str. 54, ➜ *www.karl-may-haus.de*; Villa Shatterhand: 01445 Radebeul. Karl-May-Straße 5, ➜ *www.karl-may-museum.de* **ÖFFNUNGSZEITEN:** Hohenstein-Ernstthal: Di–So 10–17 Uhr; Radebeul: März–Okt. Di–So 9–18, Nov.–Feb. Di–So 10–16 Uhr **TIPP:** Karl Mays Grab in Form eines Nike-Tempels findet sich auf dem Radebeuler Ostfriedhof.

44 DER KÖLNER DOM
Dreikönigsschrein, Richter-Fenster und der Dicke Pitter

Heinrich Böll mochte ihn nicht so gern, den gotischen Gesellen. Der Literaturnobelpreisträger bevorzugte die zwölf romanischen Kirchen seiner Heimatstadt, sie schienen ihm bescheidener, geerdeter, seinem kölsch-katholischen Glauben gemäßer. Das ändert natürlich nichts an der Tatsache, dass dieser 157 m hohe Bau die beliebteste Sehenswürdigkeit Deutschlands ist. Mit rund sechs Millionen Besuchern pro Jahr liegt er deutlich vor dem Schloss Neuschwanstein (s. S. 130). Ebenso wenig beeinflussen Bölls Vorlieben den Lokalpatriotismus der Kölner, die ihren weltberühmten Dom als städtisches Heiligtum verehren.

Rheinländisch lax mutet auch die ungewöhnliche Baugeschichte der Kathedrale an. Nach der Grundsteinlegung 1248 vollendete man zwar den Chor und zwei Stockwerke des Südturms, stellte jedoch wegen Desinteresse und Geldmangel 1530 die Arbeiten ein. Mehrere Jahrhunderte lang blieb der Dom Fragment, verkam stellenweise zur Ruine und wurde von den französischen Revolutionstruppen sogar zum Pferdestall herabgewürdigt. Dass es ausgerechnet die in Köln so wenig geliebten Preußen waren, die den Bau wieder aufnahmen und 1880 fertigstellten, mutet wie eine Ironie der Geschichte an.

Wer den Dom heutzutage betritt, kann sich vor Kultobjekten und Kunstschätzen kaum retten. Das Richter-Fenster im südlichen Querhaus besteht aus über 11 000 bunten Glasquadraten, deren Zusammenstellung per Computer generiert wurde. Die optische Wirkung des 106 qm großen Kunstwerks ist überwältigend. Pilgerstätte Nummer 1 blieb jedoch auch nach der Fenstereinweihung 2007 der goldene Dreikönigsschrein. Er enthält, so will es die religiöse Überzeugung, die 1164 nach Köln beförderten Reliquien von Kaspar, Melchior und Balthasar.

Teil der kölschen Volksseele ist zu guter Letzt auch die St. Peters-Glocke, die man bei der Besteigung des Südturms passiert. Mit einem Durchmesser von 3,22 m und einem Gewicht von 24 t gilt sie als die größte freischwingende Glocke der Welt. Bei den Einheimischen heißt sie deshalb auch liebevoll der „Dicke Pitter".

ADRESSE: 50667 Köln, Domkloster 1, → *www.koelner-dom.de* **ÖFFNUNGSZEITEN:** Dom: Mai–Okt. 6–21, Nov.–April 6–19.30 Uhr; Turmbesteigung: März–April u. Okt. 9–17, Mai–Sept. 9–18, Nov.–Feb. 9–16 Uhr; Domschatzkammer: 10–18 Uhr **TIPP:** Wegen des unfertigen Zustands war über Jahrhunderte nicht der Dom, sondern Groß St. Martin das Wahrzeichen der Stadt. Die mächtige romanische Kirche thront nah am Rheinufer im Martinsviertel.

45 DER KÖNIGSSTUHL
Der weiße Riese von Rügen

Man kann die Kreide dieser Felsen zwischen den Fingern zerreiben. Wenn man oben auf der 200 qm großen Plattform des Königsstuhls steht, findet man sie auf dem Boden, zwischen den Pflanzen, überall. Und die Vorstellung, gerade auf einem 118 m hohen Steilfelsen aus diesem doch recht labilen Material zu wandeln, macht ein wenig schwindelig.

Alljährlich verliert die Rügener Küste 2–5 cm an das Meer. Allein in der Nacht vom 23. auf den 24. Februar 2005 stürzten 50 000 m^3 Kreide ins Meer und vernichteten damit für alle Zeiten die malerischen bis dahin zinnenbewehrten Wissower Klinken. Im Grunde waren diese Kreidefelsen von Beginn an einem steten, sichtbaren Wandel unterworfen. Die hier übereinandergeschichteten Sedimente entstammen einem urzeitlichen Meer, das sich vor rund 80 Mio. Jahren bildete. Als es sich vor rund 60 Mio. Jahren wieder zurückzog, lagerten sich die kalkhaltigen Schalen seiner abgestorbenen Bewohner als bis zu 500 m hohe Kreideschichten ab. Die heutige Form der Küste geht hingegen auf das Konto der letzten Eiszeit, die vor gerade einmal 12 000 Jahren endete. Die damals abschmelzenden Gletschermassen machten aus einem großen Süßwassersee ein neues Meer: die Ostsee. Und sie beförderten auch jene riesigen, bis zu 1 626 t schweren Findlinge nach Rügen, für die die Insel heute berühmt ist.

Den Königsstuhl als royalsten aller Rügener Felsvorsprünge hat man am besten von der Victoria-Sicht aus im Blick, einer Aussichtsplattform etwas weiter südlich. Hier erschließt sich dem Betrachter unmittelbar, warum Caspar David Friedrichs Gemälde des „Kreidefelsen auf Rügen" (1818) zu einem prägenden Werk der deutschen Romantik wurde. Der zeitgenössische Wanderer passiert jene Plattform bei einem Spaziergang auf dem zwischen Lohme und Sassnitz verlaufenden Hochuferweg. Dieser vermisst die Steilküste der Rügen-Halbinsel Jasmund auf insgesamt 11 km und offeriert einige spektakuläre Panoramen. Von ihrer erhabendsten Seite zeigen sich die Kreidefelsen jedoch im hellen Sonnenschein. Dann blinken und flackern sie dermaßen gleißend weiß, dass man zuweilen sogar die Augen abwenden muss.

ADRESSE: 18546 Sassnitz, Stubbenkammer, ➔ *www.koenigsstuhl.com* **TIPP:** Direkt am Königsstuhl befindet sich seit 2004 das Nationalpark-Zentrum Königsstuhl mit 2 000 qm sehenswerter Ausstellungsfläche.

46 DER KYFFHÄUSER
Kaiser Rotbart und die Raben

In England geht die Sage, dass die Monarchie sterbe, sobald die Raben nicht mehr den Tower umkreisen. In Deutschland ist es andersherum: Alle 100 Jahre hält Alberich, der zwerghafte Diener des Kaisers Barbarossa, Ausschau nach den um den Kyffhäuser fliegenden Raben. Und wenn sie endlich fort sind, wird Rotbart das Reich wieder einen.

Der Hintergrund des deutschen Mythos hat mit der Kleinstaaterei des einstigen Heiligen Römischen Reiches zu tun. In den 100 Jahren der Hohenstaufenherrscher Friedrich I. (Barbarossa, ab 1152) und Friedrich II. (bis 1250) herrschte eine weitgehende innere Stabilität. Als Zerfall, Krieg und Elend aufs Neue begannen, breitete sich naturgemäß eine Sehnsucht nach dem vergangenen Frieden aus. Und diese wiederum ließ Legenden wie die des Barbarossa blühen. Der, so sagte man, hause im Kyffhäuser-Gebirge und harre seiner Rückkehr. Geschlossen seien die Augen und der Bart bereits durch den Tisch gewachsen, aber seine Hand umschließe einsatzbereit das mächtige Schwert.

Als unter der Ägide des Preußen Wilhelm I. 1871 das Deutsche Reich gegründet wurde, hielt man die Kyffhäuser-Legende für verwirklicht. Zahllose Denkmäler entstanden zu Ehren des Kaisers, unter anderem auf einer nordöstlichen Kuppe des Kyffhäuser-Gebirges. Zu Pferd und aus Bronze thront er seit 1896 deutlich über dem steinernen Barbarossa, der im Sockel des Denkmals noch immer zu schlafen scheint. Schon 1865 hatte sein Mythos neuen Auftrieb erfahren, als man im Kyffhäuser ein ausgedehntes Höhlensystem entdeckte. Zwar fand man hier nicht die erhofften großen Kupferschiefervorkommen. Dafür jedoch ein weltentrücktes Idyll aus unterirdischen Spiegelseen, geheimnisvollen Gipsfellen und reinweißen Alabasterlinsen.

Friedrich Barbarossa, das ist urkundlich belegt, weilte 1174 anlässlich eines Italienzuges in seiner Pfalz Tilleda am Kyffhäuser-Nordrand. In der nach ihm benannten Höhle hingegen kann er – zumindest nach menschlichem Ermessen – nie gewesen sein. Sie verfügt über keinerlei natürlichen Eingang.

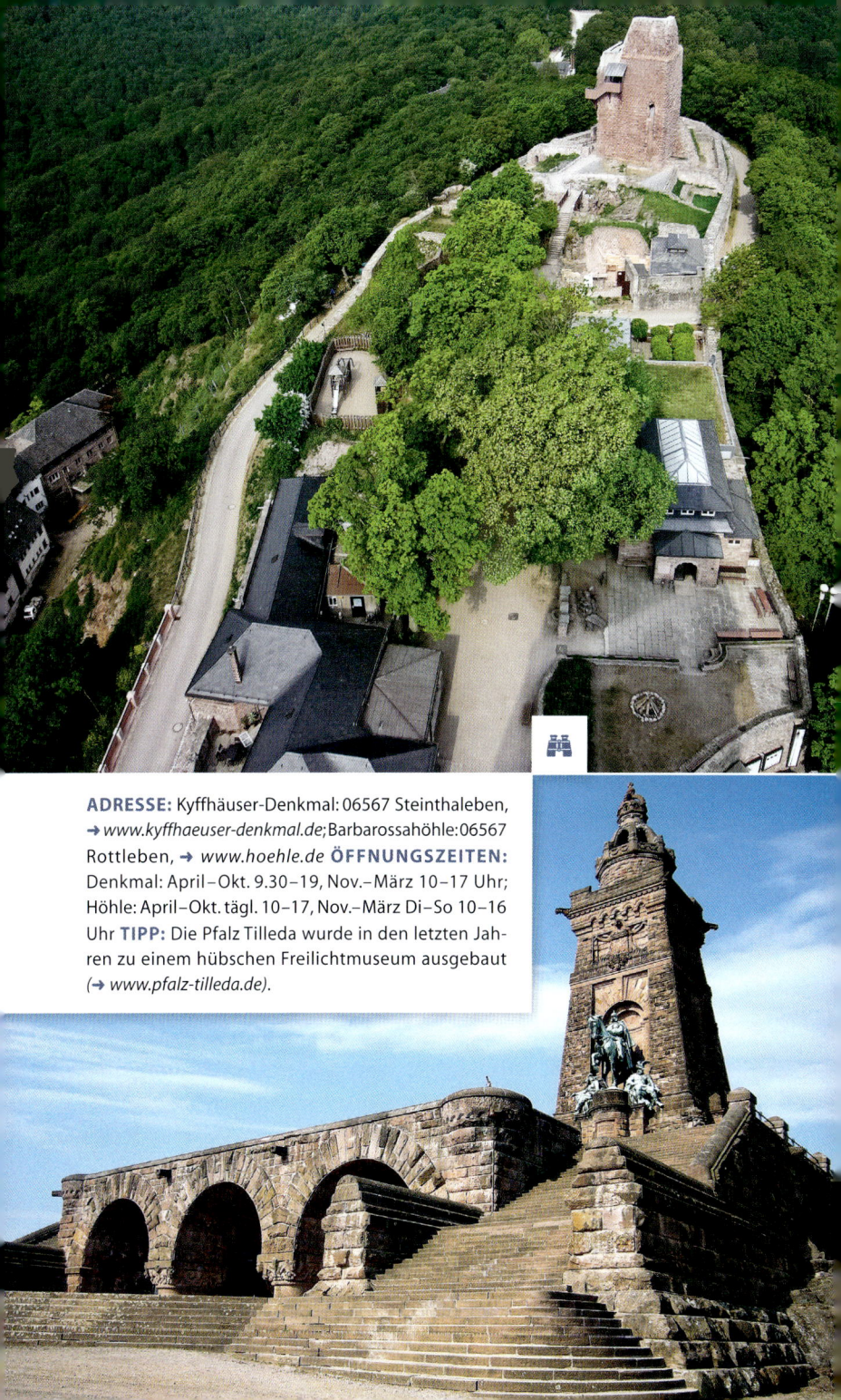

ADRESSE: Kyffhäuser-Denkmal: 06567 Steinthaleben, ➜ www.kyffhaeuser-denkmal.de; Barbarossahöhle: 06567 Rottleben, ➜ www.hoehle.de **ÖFFNUNGSZEITEN:** Denkmal: April–Okt. 9.30–19, Nov.–März 10–17 Uhr; Höhle: April–Okt. tägl. 10–17, Nov.–März Di–So 10–16 Uhr **TIPP:** Die Pfalz Tilleda wurde in den letzten Jahren zu einem hübschen Freilichtmuseum ausgebaut (➜ www.pfalz-tilleda.de).

47 DAS KZ BUCHENWALD
Gedenkstätte für den Holocaust

Ob das Holocaust-Mahnmal in Berlin seiner Aufgabe gerecht wird, ist nicht unumstritten. Tagtäglich klettern hier respektlos-fröhliche Touristen über die Stelen, machen Picknick oder spielen Verstecken. Der Holocaust-Überlebende und Literaturkritiker Marcel Reich-Ranicki sagte, dieses Mahnmal diene ihm nicht zur Erinnerung, es sei „ein deutsches Bauwerk, bestimmt für die Deutschen".

Von keiner ernstzunehmenden Seite angezweifelt wird hingegen die Einrichtung von Gedenkstätten an den Orten ehemaliger Nazi-Konzentrationslager. Im KZ Buchenwald, gelegen am Ettersberg unfern von Weimar, starben 56 000 Menschen. Ihre ehemaligen Holzbaracken sind verschwunden, an ihrer Stelle findet man heute Denkmäler für die hier ermordeten Juden, die Sinti und Roma oder die sowjetischen Kriegsgefangenen. Was noch steht, sind die einstigen Verwaltungsgebäude. Deren größtes, die sogenannte Effektenkammer, beherbergt heute die ständige Ausstellung zur Geschichte des Lagers. Den Nazis hatte sie als Magazin gedient, hier wurde u. a. sämtliches Hab und Gut der Gefangenen aufbewahrt. Jedes Detail dieser Ausstellung, ob es die medizinischen Menschenexperimente betrifft, die Foltermethoden oder die Erschießungen, macht sprachlos. Und immer wieder an der Menschheit zweifeln lassen auch jene Dokumente, die bezeugen, mit welch kalter, bürokratischer Selbstverständlichkeit hier der Massenmord organisiert und durchgeführt wurde. In Buchenwald nannte man die Zufahrt „Carachoweg", der Spruch am Lagertor verhieß „Jedem das Seine". Das Krematorium stand direkt vor den Baracken, während die SS hinter dem Zaun einen Privatzoo unterhielt. Und um an den wenigen Häftlingen, die von Angehörigen Geld zugeschickt bekamen, noch zu verdienen, wurde 1942 an der Südecke die sogenannte Kantine eingerichtet. Hier konnten die Insassen Waren erwerben, die sie und ihre Leidensgenossen in Zwangsarbeit im Lager herstellten.

Am 11. April 1945 erreichten die US-Truppen das KZ Buchenwald, 21 000 Häftlinge konnten befreit werden. Seit 1958 dient das Gelände als Gedenkstätte für die Nachwelt.

ADRESSE: 99427 Weimar-Buchenwald, → www.buchenwald.de
ÖFFNUNGSZEITEN: April–Okt. 10–18, Nov.–März 10–16 Uhr
TIPP: Seit 2007 führt der „Gedenkweg Buchenwald-Bahn" entlang der alten Bahntrasse, die KZ-Häftlinge 1943 für die SS von Weimar-Schöndorf zum Bahnhof Buchenwald bauen mussten (→ www.buchenwald.de).

48 DIE LANGE ANNA

Das gefährdete Wahrzeichen von Helgoland

Am 18. April 1947 wäre es beinahe aus gewesen mit der Insel Helgoland. Da nämlich inszenierten die englischen Besatzungstruppen eine bis dato einmalige Explosion. Um die Insel für alle Zeiten militärisch unbrauchbar zu machen, verteilten sie 6 700 t Sprengstoff in den verlassenen Bunkern und Stollen der Wehrmacht. Feuerstrahl und Rauchpilz waren gigantisch, aber Helgoland hielt dem Irrsinn weitgehend stand. Und war – nach weiteren Jahren als Testziel für britische Bombenabwürfe – ab 1952 auch wieder besiedelt.

Schon Anfang des 19. Jh. hatte auf dem kleinen Eiland der Bädertourismus eingesetzt. Die isolierte Lage als Deutschlands einzige Hochseeinsel, die langen Strände der Nebeninsel „Düne" und nicht zuletzt die Zollfreiheit locken Tag für Tag Hunderte von Touristen auf die Fähren. Trotz „Dutyfree" jedoch hat Helgoland seinen Charme und Charakter nicht verloren. Traditionelle Freizeitaktivitäten, Schrebergärten und ein eigener Fußballverein zeugen von einem intakten Inselleben.

Was den Engländern mit ihrer geballten militärischen Kraft nicht gelang, daran arbeiten seit Jahr und Tag das Meer und der Wind. Helgolands tiefrote Felsenküste ist von ständiger Erosion bedroht, und mit ihr das Wahrzeichen der Insel, die Lange Anna. Wie ein gekrümmter Finger ragt dieser 47 m hohe Felsen aus Buntsandstein in den Himmel. Bis 1860 führte eine natürliche Brücke auf das kleine Plateau des Felsturms. In jenem Jahr jedoch zerstörte eine Sturmflut den Bogen, weitere Abstürze folgten. 1903 begann man mit dem Bau einer Schutzmauer, um den besonders gefährdeten Sockel vor der unermüdlichen Brandung zu schützen. Längst jedoch ziehen sich irreparable Risse und Spalten durch das Gestein, die mit jedem Frost größer werden. Seit dem Jahr 2001 haben die zuständigen Behörden kapituliert, die Lange Anna wird ihrem Schicksal überlassen. An einem klaren, windstillen Morgen scheint das Ende noch in weiter Ferne. Aber die nächsten kalten Nächte werden kommen, und genauso die nächsten Sturmfluten. Eines Tages, vielleicht schon sehr bald, wird die Lange Anna verschwunden sein.

ADRESSE: 27498 Helgoland, → *www.helgoland.de*
TIPP: Nur rund 100 m südlich der Langen Anna findet sich der sogenannte Lummenfelsen. Im Juni/Juli stürzen sich die ausgebrüteten Jungvögel von Deutschlands kleinstem (und steilstem) Naturschutzgebiet mit einem spektakulären Sprung in die Tiefe.

49 DER LIMES
Eine antike Grenze vom Rhein bis zur Donau

Im fränkischen Weißenburg des Jahres 1979 machte sich ein Einwohner daran, in seinem Garten ein Spargelbeet anzulegen. Als er schon bald auf zahllose rostige Eisenstücke stieß, ahnte er nicht, dass er hier einen der größten römischen Schätze auf deutschem Boden vor sich hatte. Die 114 zum Teil äußerst filigranen Objekte gehörten aller Wahrscheinlichkeit nach zu einem antiken Heiligtum, das in direkter Verbindung zum hiesigen Kastell Biriciana (Weißenburg) stand.

Wer sich für den römischen Limes interessiert, ist in Weißenburg gut aufgehoben. Der Schatz mit dem Römermuseum und dem Bayrischen Limes-Informationszentrum liegt in unmittelbarer Nähe zu den Überresten der ehemaligen Festungsanlagen. Und ein weiterer Schritt führt von hier aus zu einem 3 000 qm großen Areal vorzüglich erhaltener römischer Thermen.

Der Limes, errichtet im 2. Jh. n. Chr., ist rund 550 km lang. Er führt vom Rhein bei Rheinbrohl über den Westerwald und den Taunus, den Odenwald und die Schwäbische Alb bis zur Donau bei Eining. Einstmals bestand er aus 900 Wachttürmen und 120 Kastellen, denen eine durchgehende, hölzerne Palisadenlinie vorgelagert war. Diese wurde später zwar teilweise durch Steinmauern ersetzt, aber Historiker gehen heute davon aus, dass es sich hier mehr um Grenzziehung und Imponiergehabe als um eine militärische Befestigung handelte. Die jenseits des Limes siedelnden Germanenstämme werden die Botschaft sicherlich verstanden haben, jedenfalls so lange, wie sie sich den Römern unterlegen fühlten.

Einen bunten, höchst informativen Eindruck des einstigen Kastell-Lebens bekommt man weiter nördlich bei Bad Homburg. Hier steht mit der Saalburg das einzige komplett rekonstruierte Kastell des deutschen Limes. Früher diente es dem Schutz des fruchtbaren Untermaingebietes, heute kann man dort – etwa im originalgetreuen Horreum (dem Getreidespeicher) – antikes Handwerk und Alltagsleben nachvollziehen. Wer jedoch denkt, in der Saalburg sei es einst ausgesprochen mediterran zugegangen, der irrt. Weil es den Römern im Taunus zu frisch war, wurden hier vor allem kälteresistente Einheimische stationiert.

ADRESSE: 61350 Bad Homburg, Saalburg 1; 91781 Weißenburg, Martin-Luther-Platz 3, ➜ *www.limesprojekt.de* **ÖFFNUNGSZEITEN:** Bad Homburg: März–Okt. täglich 9–18, Nov.–Feb. Di–So 9–16 Uhr; Weißenburg: März–Dez. 10–12.30 u. 14–17 Uhr **TIPP:** Der Limes lässt sich bequem per Auto oder Fahrrad auf der Deutschen Limesstraße bereisen (➜ *www.limesstrasse.de*). Foto o.: Saalburg, u.: Weißenburg

50 DIE LORELEY
Romantischer Rhein – gefährliche Nixe

Ein Charakteristikum des romantischen Rheins zwischen Bingen und Koblenz sind seine engen Kurven. Aber nirgendwo wird die Kehre so spitz und das Flussbett so schmal wie an jenem Felsen bei St. Goarshausen. Weil die Felsen Riffe bildeten, weil hier eine Sandbank lag und das Wasser mithin in verschiedenen Geschwindigkeiten und Richtungen floss, verunglückte dort so mancher Rheinschiffer tödlich. Und wie der Mensch nun einmal gestrickt ist, bastelte man irgendwann eine Geschichte um diesen schicksalhaften Ort.

So entstand der Mythos von der Nixe namens Loreley. Das hübsche Fabelwesen, so heißt es, throne oben auf dem Fels, kämme ihr güldenes Haar und locke die Schiffer mit ihrem sphärischen Gesang. Einmal in ihrem Bann, achte keiner mehr auf die Gefahren, die unter Wasser auf ihn lauerten. Zahllose Dichter und Sänger nahmen sich des Themas an. Am bekanntesten wurde, vor allem dank der romantisch-gruseligen Vertonung durch Friedrich Silcher (1837), die Bearbeitung Heinrich Heines. Neben der ersten transportiert vor allem seine letzte Strophe den morbiden Mythos: „Ich glaube, die Wellen verschlingen/ Am Ende Schiffer und Kahn/ Und das hat mit ihrem Singen/ Die Lore-Ley getan."

Die Aussicht von diesem Schieferfelsen ist herrlich, aber sie macht auch schwindelig. 125 m fällt der Stein hier steil ab. Und obwohl die Gefahrenquellen dort unten im Wasser längst weggesprengt wurden, kommt es auf diesem Abschnitt des Rheins auch heute noch immer wieder zu Schiffsunglücken. Zuletzt kenterte hier im Januar 2011 das mit 2 400 t Schwefelsäure beladene Tankmotorschiff Waldhof. Zwei Besatzungsmitglieder starben im eiskalten Wasser.

An der Molenspitze vor dem Fels thront seit 1983 die Loreley-Bronze der Schwedin Natascha Alexandrowna Prinzessin Jusopow. Passiert man sie rechtsrheinisch, sieht man nur ihren Rücken, auf den die mähnenartigen Haare fallen. Die Erscheinung hat durchaus etwas Tierhaftes, Furchteinflößendes, das den Blick zugleich magisch-magnetisch anzieht. Deshalb der gute Rat: Am besten einfach auf die Straße schauen!

ADRESSE: 56346 St. Goarshausen, → *www.st-goarshausen.de* **TIPP:** Rheinromantik verbindet sich ebenso mit der Burg Rheinfels im gegenüberliegenden St. Goar. Diese kann im Gegensatz zur Burg Katz von St. Goarshausen auch besichtigt werden (→ *www.st-goar.de*). Zwischen den beiden Ortschaften verkehrt eine Autofähre.

51 DIE LUTHER-STÄDTE
Von Eisleben nach Wittenberg

Im Lutherhaus zu Wittenberg liegt in einer Vitrine eine sogenannte „Ablass-Urkunde" aus dem 16. Jh. Auf den Punkt gebracht besagt dieses großformatige, dicht beschriebene Dokument, dass dem Käufer 100 Tage Fegefeuer erlassen werden. Der Brief mutet von heute aus betrachtet absurd an, belegt jedoch zugleich, wie gängig und durchorganisiert der Ablasshandel seinerzeit funktionierte.

Auch im nahen Magdeburg blühte seit 1515 das Geschäft mit dem Sündenerlass. Der Erzbischof hatte diese Geldquelle aufgetan, um seine immensen Schulden bei den Fuggern zu begleichen. In Wittenberg jedoch saß ein junger Mönch, dem das gewaltig gegen den Strich ging. Der 1483 geborene Martin Luther hatte 1505 ein Erweckungserlebnis gehabt, als er in ein schweres Gewitter geriet, Todesangst verspürte und überlebte. Danach folgte er seinem Dankesgelübde und trat in den Augustiner-Orden ein. Zwölf Jahre später marschierte er zur Wittenberger Schlosskirche, nagelte seine 95 Thesen gegen den Ablasshandel an die Tür und veränderte damit die Welt.

Eisleben und Wittenberg arbeiten seit geraumer Zeit Hand in Hand bei der Selbstvermarktung als „Lutherstädte". Und dies mit gutem Grund, denn während der Reformator in Wittenberg wirkte, ist er in Eisleben geboren und gestorben. Der zentrale Platz beider Städte wird von einem Luther-Denkmal beherrscht, und hier wie dort erinnern zahlreiche Kirchen, Museen und sonstige Gedenkstätten an das Wesen und Wirken des Predigers.

Nachdem er im Verlauf der Thesen-Disputationen auch noch verkündet hatte, der Papst sei „nicht heilsnotwendig" für die Seelen seiner Schäfchen, wurde Luther 1521 vor den Reichstag zu Worms zitiert und geächtet. In Wittenberg konnte er nicht bleiben, Luther war nun vogelfrei und durfte straflos getötet werden. Also floh er, beschützt von seinem Anhänger Kurfürst Friedrich dem Weisen, auf die Wartburg. Und hier landete der „Junker Jörg" binnen weniger Wochen seinen zweiten großen Coup. Die Übersetzung des neuen Testaments in eine für alle verständliche Sprache: Deutsch.

ADRESSE: Geburtshaus Eisleben: 06295 Eisleben, Lutherstraße 15; Lutherhaus Wittenberg: 06886 Wittenberg, Collegienstraße 54, Homepage jeweils: → *www.martinluther.de* **ÖFFNUNGSZEITEN:** Eisleben: April–Okt. tägl. 10–18, Nov.–März Di–So 10–17 Uhr; Wittenberg: April–Okt. tägl. 9–18, Nov.–März Di–So 10–17 Uhr **TIPP:** Neben der „Lutherstube" in Wittenberg bietet sein Arbeitszimmer auf der Wartburg einen zweiten Raum mit echter Luther-Patina (s. S. 198). Foto o.: Eisleben, u.: Wittenberg

52 MAINHATTAN
Die Stadt der Wolkenkratzer

Commerzbank Tower, Messeturm, Westend Tower, Main Tower, Trianon, Silver Tower und so weiter: Allein neun der zehn höchsten Gebäude Deutschlands stehen in Frankfurt. Dominiert werden die höchsten Gebäude in Frankfurt vom Commerzbank Tower am Kaiserplatz, der mit seinen 259 m auch innerhalb Europas immerhin den fünften Platz belegt, dicht gefolgt von dem Messeturm.

Der Anblick solcher Hochhäuser kann ein architektonischer Genuss sein – der im Jahr 2000 eingeweihte Main Tower etwa bildet mit seiner archaisch-schlichten Kombination der beiden Grundformen Kreis und Quadrat sicherlich einen visuellen Höhepunkt der Stadt. Andere Gebäude wiederum bestechen durch ihren schieren Gigantismus.

Die größte Dichte an Wolkenkratzern findet sich rund um die Taunusanlage, einem Grünstreifen auf dem Areal der ehemaligen Stadtbefestigung. Hier, zum Beispiel vom Schiller-Denkmal aus, genießt man einen beeindruckenden Rundblick auf die Frankfurter Skyline. Eher reliefartig hingegen kommt sie am nahen, etwas weiter östlich gelegenen Roßmarkt daher. Wo man einst mit Pferden handelte, wird heutzutage jenes Geld ausgegeben, das die umliegenden Hochhaus-Banken verwalten. Immerhin residieren hier am Main neben der Bundesbank, der Europäischen Zentralbank und der Deutschen Börse mehr als 300 nationale und internationale Bankenhäuser.

Dass das Finanzzentrum nicht ganz so abweisend und besucherfeindlich wirkt wie manche seiner Fassaden, dafür sorgt vor allem der Main Tower. Die dort verankerte Landesbank Hessen-Thüringen (Helaba) unterhält die einzige öffentliche Aussichtsplattform des Reviers. Wie eine sanfte Rakete durchjagt der Aufzug die 56 Etagen, um den Besucher dann in 200 m Höhe zu entlassen. Wer es unten durch die flughafenartige Sicherheitsschleuse geschafft hat, wird oben womöglich Schwierigkeiten mit der Tür zur Plattform haben. Der Sog ist zuweilen so stark, dass es vereinter Kräfte bedarf, sie zu öffnen. Dahinter jedoch wird man für alle Mühen entlohnt mit einer fantastischen Vogelperspektive auf die Stadt.

ADRESSE: Main-Tower: 60311 Frankfurt am Main, Neue Mainzer Straße 52–58, ➜ *www.maintower.de* **ÖFFNUNGSZEITEN** der Plattform: Sommerzeit: So–Do 10–21, Fr u. Sa 10–23 Uhr; Winterzeit: So–Do 10–19, Fr u. Sa 10–21 Uhr
TIPP: Für genauere Einblicke in die Bankenwelt sorgt ein Besuch des Geldmuseums in der Wilhelm-Epstein-Straße 14 (s. a. ➜ *www.bundesbank.de*).

53 DAS MARINE-EHRENMAL
Totengedenken an der Kieler Förde

Das Ehrenmal von Laboe soll zugleich „Denk- und Mahnmal" sein, schreibt der Deutsche Marinebund als dessen Betreiber. Ursprünglich war dieser Bau ab 1927 für die gefallenen Marinesoldaten des Ersten Weltkriegs errichtet worden. Nach dem Zweiten Weltkrieg dann propagierte man, dass hier nun sämtliche toten Seeleute aller Nationen geehrt werden sollten. Außerdem stehe das Gebäude für die „friedliche Seefahrt auf freien Meeren". Aber wie ausgedehnt man hier auch schlendert, schaut und schmökert, der Mahnmalcharakter will sich einfach nicht einstellen. Zu kalt ist dieser eigenwillig geformte, an ein gigantisches Segel erinnernde Bau. Zu kahl und weitläufig kommt der Vorhof daher, und zu anachronistisch – um nicht zu sagen: unsensibel – wirken manche der Inschriften im Innern des Gebäudes. „Entblöße dein Haupt und schweige", liest man beispielsweise über dem Eingang zur unterirdischen „Gedenkhalle". Und der „ewige Dank für ihre Pflichterfüllung" gilt dort ganz unsortiert sowohl zivilen Opfern wie solchen, die unter der Naziflagge zur See fuhren. Die NS-Zeit spiegelt sich hier nicht als Bruch, sondern als Teil eines Kontinuums der militärischen Seefahrt. Und die begleitenden Gedenksprüche scheinen von dem irrigen Glauben zu zeugen, dass Marinesoldaten zunächst nicht Ausführende des Hitlerregimes waren, sondern vor allem Seefahrer und als solche Teil einer verschworenen (Sub-)Gemeinschaft.

Trotz aller inhaltlichen Irritationen bleibt der Besuch in Laboe allemal lohnenswert. Und sei es als Mutprobe: Lediglich drei Stockwerke des 72 m hohen Bauwerks werden von Museumsobjekten belegt, darüber jedoch fehlen jegliche Geschossdecken. Wer also den Aufzug meidet und sich per pedes über die 341 Stufen nach oben begibt, landet alsbald in einem hohlen, düsteren Schacht. Jenseits des Geländers blickt er in eine gähnende, lediglich von grau verputzten Wänden begrenzte Tiefe.

Ganz anders hingegen der Ausblick, wenn man endlich oben angekommen ist. Laboe liegt ausgangs der Kieler Förde, die hier in die Ostsee übergeht. Die beiden Aussichtsplattformen des Ehrenmals offerieren einen schönen Blick über die Kieler Bucht.

ADRESSE: 24234 Laboe, Strandstraße 92, → www.deutscher-marinebund.de
ÖFFNUNGSZEITEN: April–Okt. 9.30–18, Nov.–März 9.30–16 Uhr **TIPP:** Direkt vor dem Ehrenmal liegt das U-Boot U-995 von 1943 am Strand. Seit 1972 dient es als technisches Museum.

54 MEISSENER PORZELLAN
Das Weiße Gold aus Sachsen

Wer Porzellan sagt, denkt Meißen mit. Das gilt für Deutschland, und das galt einmal für ganz Europa. Die 1710 von August dem Starken gegründete Manufaktur in Sachsen war die erste ihrer Art auf dem Kontinent. Zwei Jahre zuvor hatten Johann Friedrich Böttger und Ehrenfried Walther von Tschirnhaus das erste europäische Porzellan entwickelt, dessen Herstellungsverfahren sich der Kurfürst sofort hatte patentieren lassen. Kaolin (Porzellanton), Feldspat und Quarz – das ist es im Wesentlichen. Aber was man in Meißen in der Folge daraus zauberte, gelangte schnell in den Rang einer Kunstgattung. Objekte aus Porzellan, verbunden mit aufwendigen Bemalungen, wurden zu Statussymbolen des solventen Bürgertums. Meißener Pfeifenköpfe, Teeservices, Vasen oder reine Dekorationsobjekte schmückten die biedermeierliche Wohnstube.

Im Meißener Porzellanmuseum (Museum of Meissen Art, nennt es sich offiziell) durchwandert der Besucher chronologisch die Geschichte des Weißen Goldes. Drei Jahrhunderte ziehen vorüber, immer unter den aufmerksamen Augen der Museumswächterinnen. Denn Porzellan, selbst in der hohen Qualität der Meißener Fabrik, ist und bleibt ein zerbrechliches Material.

Seit 1806 ist das Werk in öffentlicher Hand und blieb auch als Volkseigener Betrieb (VEB Staatliche Porzellan-Manufaktur Meißen lautet der offizielle Name) der DDR so produktiv, dass es sich zu einem der größten Devisenbringer des Staates entwickelte. Heute im Besitz des Landes Sachsen, hat man sich nach der Wiedervereinigung auf Edelprodukte und Einzelstücke spezialisiert. Zu den Abnehmern zählen mal ein Modezar, der sich für seine Kollektion porzellanene Pailletten wünscht, aber auch Kunden aus dem asiatischen Raum. Schon im 7. Jh., also über 1 000 Jahre vor den Sachsen, hatten die Chinesen ihr Porzellan erfunden. Da traf es sich für die Meißener Manufaktur gut, dass genau in ihrer Gründungsphase Chinoiserien ausgesprochen en vogue waren. Und aparterweise sehen die im 18. Jh. gefertigten Chinesenfiguren im Meißener Museum jenseits ihrer asiatischen Augen ausgesprochen europäisch aus.

ADRESSE: 01662 Meißen, Talstraße 9, → www.meissen.com
ÖFFNUNGSZEITEN: Mai–Okt. tägl. 9–18, Nov.–April 9–17 Uhr **TIPP:** Auch der nahe Dresdner Zwinger beherbergt eine exzellente Porzellansammlung. Die Glocken des Glockenspielpavillons im Zwinger sind ebenfalls aus Meißen (s. S. 216).

55 DER MÜRITZ-NATIONALPARK
Moore, Adler und Hochspannung

Der Müritz-Nationalpark besteht seit 1990 als besonders geschützter Teilbereich der Mecklenburgischen Seenplatte. Bereits die Anreise bringt dem Besucher nahe, dass er sich hier einem intensiv gehegten Kleinod nähert. Denn in dieses 322 qkm umfassende Schutzgebiet am Ostufer der Müritz gelangt man über speziell ausgeschilderte, manchmal kilometerlange Zufahrten. Die kleinen Dörfer, in denen sie enden, verfügen zumeist über ein Informationszentrum zum Park und immer über einen Parkplatz. Denn dort ist endgültig Schluss mit motorisiertem Verkehr, jede weiterführende Expedition muss zu Fuß, per Fahrrad oder mit dem Paddelboot erledigt werden. Kein Problem, das nimmt man gerne auf sich.

Die Müritz bekam ihren Namen vom slawischen Wort „morcze", was so viel wie „kleines Meer" bedeutet. Der mit über 100 qkm größte innerdeutsche See ist einer von über 100 im nach ihm benannten Nationalpark. Sein heutiger Naturraum wurde wie die gesamte Mecklenburgische Seenplatte geprägt von der letzten Eiszeit vor rund 12 000 Jahren, aber auch von den Menschen, die hier lebten. Hätte man nicht einst Weiden und Äcker angelegt, wüchsen rund um die Müritz vor allem dichte Buchenwälder. Stattdessen jedoch entstand ein wunderbar abwechslungsreiches Gemisch aus Seen, Röhrichten, Waldgebieten, Wiesen und Mooren.

Wie die Flora, so gedeiht auch die Tierwelt des Nationalparks inzwischen unbeeinträchtigt von den negativen Auswüchsen der Zivilisation. Alljährlich im Herbst machen hier Tausende von Kranichen halt auf ihrem Weg von Skandinavien in die spanischen Winterquartiere. Und nirgendwo sonst in Deutschland brüten so viele See- und Fischadler wie in der Müritz-Region. Im kleinen Dorf Federow am Nordende des Nationalparks lässt sich die Aufzucht der Fischadlerjungen über eine Live-Kamera verfolgen. Auch der Weg zum direkten Beobachtungspunkt dieses Schauspiels ist nicht allzu weit und kann bequem zu Fuß bewältigt werden. So mancher Naturfreund mag dann vor Ort jedoch ein wenig enttäuscht sein: Wie die meisten seiner Artgenossen baut auch das Paar von Federow sein Nest auf einem wenig idyllischen Hochspannungsmast.

ADRESSE: Nationalparkamt Müritz, 17237 Hohenzieritz, Schlossplatz 3, → www.nationalpark-mueritz.de
ÖFFNUNGSZEITEN: Informationszentren: Mai–Okt. tägl. 10–17 Uhr **TIPP:** Einen umfassenden Einblick in die Welt des Nationalparks erhält man im Müritzeum, dem modernen Naturerlebniszentrum in der Kleinstadt Waren (→ www.mueritzeum.de).

56 DIE MUSEUMSINSEL
Mit Nofretete an der Spree

Der Museumsinsel nähert man sich am besten von Westen her über die Straße Unter den Linden. Vom Brandenburger Tor kommend erschließt sich am eindrücklichsten die Ballung von Prachtbauten und Kunstschätzen im Zentrum Berlins. Nördlich des Boulevards die Staatsbibliothek und das Deutsche Historische Museum, südlich die Staatsoper und das Kronprinzenpalais: Schon vor Erreichen des Kupfergrabens geht es hier richtig zur Sache. Letzterer, ein bogenförmiger, von der Spree abgezweigter Entwässerungsgraben, macht diese weltweit einzigartige Museen-Landschaft auch zu einer echten Insel.

Einmal angelangt, durchquert man den Lustgarten, lässt den wuchtigen Berliner Dom rechts liegen und erreicht das Alte Museum. Und hat ein Problem, denn schon hier kann man einige Stunden zubringen, ohne dieses imposante Ensemble wirklich kennengelernt zu haben. Die „Museumsinsel" genannte Nordspitze der Spreeinsel besteht insgesamt aus fünf großen Gebäudekomplexen: dem Alten Museum, dem Neuen Museum, der Alten Nationalgalerie, dem Pergamonmuseum und dem Bode-Museum.

Die längsten Warteschlangen bilden sich stets vor dem Neuen Museum, denn im Nordflügel befindet sich, als Teil der Ägyptischen Sammlung, der touristische Höhepunkt des Reviers: die Büste der Nofretete. Es ist tatsächlich eine Lust, diese vollendete Skulptur zu betrachten, den schlanken Hals dieser Frau und ihr feines, ein wenig an die Schauspielerin Audrey Hepburn erinnerndes Gesicht. Bedenkt man das Alter dieser Arbeit aus Kalkstein und Gips – rund 3 350 Jahre –, verblüfft umso mehr die Zeitlosigkeit ihrer Physiognomie.

Gen Norden wird die Museumsinsel durch die aparte Monbijoubrücke erschlossen. Diese überquert zunächst den Kupfergraben und dockt am Bode-Museum an, um dann in einem Winkel von 90° über die Spree zu führen. Von deutschen Truppen gegen Ende des Zweiten Weltkrieges gesprengt, wurde dieser zweite Abschnitt erst 2006 wiederhergestellt. Wo beide Brückenteile zusammentreffen, vereinigen sich zugleich auch die beiden Flussarme wieder.

ADRESSE: 10178 Berlin, ➔ *www.smb.museum* **ÖFFNUNGSZEITEN:** 10–18 Uhr **TIPP:** Für eine Rast nach der Museumstour empfiehlt sich der sehr erholsame Monbijoupark nördlich der gleichnamigen Brücke. Foto o.: Bode-Museum, u.: Altes Museum

57 DAS NEANDERTAL
Die Schlucht an der Düssel und ihre Bewohner

Im Neanderthal-Museum hängt ein aufschlussreiches Gemälde aus dem Jahr 1855: „Partie im Neandertal", lautet sein Titel. Auch wenn der Maler die Landschaft leicht idealisiert haben mag, ist ihre Schönheit unverkennbar. Bis zu 50 m tief hatte sich die kleine Düssel über Jahrmillionen in den Felsen gefressen und dabei eine steile, gewundene Schlucht herausgebildet. Wer die linke, sonnenbeschienene Seite des Bildes betrachtet, bemerkt das helle Gleißen. Das ist der Kalk im Gestein, und der war auch verantwortlich für das Ende des Idylls.

Denn zur selben Zeit, da dieses Kunstwerk entstand, begann der industrielle Kalkabbau an der Hundsklipp, wie das Neandertal damals noch hieß. Im August 1856 dann bekamen einige unbekannt gebliebene Arbeiter den Auftrag, eine in rund 20 m Höhe gelegene Höhle freizuschaufeln, die Feldhofer Grotte. Irgendwann stießen sie mit ihren Hacken und Schippen auf etwas Hartes. Die Knochen, die sie daraufhin freilegten, wurden zu einer Weltsensation. Handelte es sich doch um die Überreste einer ausgestorbenen Menschenart: dem Neandertaler, wie er nach seinem Fundort getauft wurde. Drei Jahre später erschien Charles Darwins Hauptwerk „Die Entstehung der Arten", das der Menschheitsforschung enormen Auftrieb gab.

Heutzutage steht nur noch ein einsamer Fels, der Rabenstein, am Eingang des ehemaligen Canyons. Flach ist es zu beiden Ufern des Flüsschens, die Sprengungen des 19. Jh. haben ganze Arbeit geleistet. Um die Historie emotional zu erschließen, befinden sich einige Kunstinstallationen auf der Aue. Unter anderem durchquert man diese auf markierten Bodenplatten – einer Zeitachse zum Entwicklungsgang der Menschheit. Chronologisch aufgebaut ist auch das Museum zur Geschichte des Tales und jener Menschen, die hier vor rund 40 000 Jahren hausten. Über mehrere Ebenen wandert der Besucher auf einer spiralförmigen Rampe von der Steinzeit in die Gegenwart. „Woher kommen wir?" – „Wer sind wir?" – „Wohin gehen wir?", heißen die nicht gerade unambitionierten Leitfragen dieser Ausstellung. In mancher Hinsicht werden sie tatsächlich beantwortet.

ADRESSE: 40822 Mettmann, Talstraße 300, → *www.neanderthal.de*
ÖFFNUNGSZEITEN: Di–So 10–18 Uhr **TIPP:** Im nahe gelegenen alten Museumsgebäude ist heutzutage eine Steinzeitwerkstatt eingerichtet, in der u. a. vorzeitliche Handwerkstechniken ausprobiert werden können (Näheres s. Homepage des Museums).

58 NEUSCHWANSTEIN
Das Traumreich des Märchenkönigs

Neuschwanstein funktioniert – wie hier in der Überschrift – ganz ohne den Vorsatz „Schloss". Das Bauwerk des Märchenkönigs Ludwig II. von Bayern ist weltweit dermaßen populär, dass der Eigenname reicht, um das Schloss der Schlösser zu bezeichnen.

Von Beginn an ging es dem König um ein Reich der Fantasie. Geschichtsschreiber führen an, dass Ludwig im Krieg gegen Preußen 1866 seine Unabhängigkeit verlor und deshalb Zuflucht im Reich der Illusionen suchte. Nachdem er 1867 die Wartburg besichtigt hatte, schrieb er im Jahr darauf dem verehrten Richard Wagner, er plane einen Bau im „echten Styl der alten deutschen Ritterburgen". Auf der „Jugend", so heißt der Neuschwansteinfelsen oberhalb seines Familienschlosses Hohenschwangau, sollte also das Mittelalter wiederauferstehen. So idealisiert, wie man es sich seinerzeit vorstellte.

Höhepunkt der Ludwigschen Weltflucht ist sicherlich die künstliche Grotte, die der König sich in sein Palais bauen ließ. Gerade noch befand man sich im prunkvoll ausstaffierten Wohnzimmer des Königs, da lauert hinter der nächsten Tür unversehens eine Dunkelkammer. Als Architekten dafür hatte sich Ludwig mit August Dirigl einen Mann gesucht, der auch als Bühnenbildner arbeitete und somit Erfahrung hatte mit der Erzeugung kunstvoller Illusionen. Auf Neuschwanstein schuf er eine kleine Tropfsteinhöhle mit Stalagmiten und Stalaktiten, mit künstlichem Wasserfall und farbiger Beleuchtung. Ludwig sollte sie an die Venusgrotte des thüringischen Hörselbergs erinnern, die wiederum Richard Wagner zu seinem „Tannhäuser" inspirierte.

Die Arbeiten an Neuschwanstein begannen im Sommer 1868 und zogen sich endlos hin. Die letzten fertiggestellten Gebäudeteile (Kemenate und Viereckturm) wurden erst 24 Jahre später und in simplifizierter Form eingeweiht. Da war der Bayernkönig bereits sechs Jahre tot, er hat sein Märchenschloss nur als Baustelle erlebt. Neuschwanstein – damit muss man sich abfinden – bleibt also auf ewig so unvollendet wie alle Illusion unerfüllt.

ADRESSE: 87645 Hohenschwangau, → *www.neuschwanstein.de*
ÖFFNUNGSZEITEN: April–Sept. 9–18, Okt.–März 10–16 Uhr **TIPP:** Direkt gegenüber liegt Schloss Hohenschwangau, in dem Ludwig II. aufwuchs. Es ist ebenfalls zu besichtigen.

59 DIE NIBELUNGEN

Von Xanten über den Drachenfels nach Worms

Die historischen Hintergründe des Nibelungenliedes liegen weitgehend im Dunkeln, aber im Kern wird das alte Lied von Liebe und Hass, Verrat und Ehre, Männlichkeit und Weiblichkeit gesungen. Die ältesten schriftlichen Überlieferungen stammen aus der Zeit um 1200. Nach deren Wiederentdeckung wurde das Nibelungenlied im 19. Jh. zum deutschen Nationalepos, zur „Germanischen Ilias" hochgejubelt. Ein Unsinn, der bis in die Nazizeit anhielt.

Geografisch betrachtet stellen vor allem zwei Orte die Hauptbühnen: Xanten am Niederrhein, wo der spätere Held Siegfried geboren wurde, und Worms am Oberrhein, wo König Gunther mit seinen Getreuen residierte. Beide Städte verfügen über ein Nibelungenmuseum, beide opferten dafür Teile ihrer mittelalterlichen Stadtmauer. Und sowohl in Worms als auch in Xanten setzt man auf eine multimedial-moderne Aufarbeitung – von einem Mythos existieren zwangsläufig keinerlei Original-Exponate.

In den Museen erfährt man von der Wirkungsgeschichte dieser Sage. Am greifbarsten jedoch wird sie auf halber Strecke zwischen den beiden Städten, genauer gesagt in Königswinter bei Bonn. Hoch über dem Rhein, auf dem Drachenfels, steht die Nibelungenhalle. Errichtet wurde das kleine, aber wuchtige Gebäude 1913 anlässlich des 100. Geburtstages von Richard Wagner. Musik aus dessen „Ring" begleitet den Besucher auch bei seinem Rundgang im Innern. Hier hat sich der Bauherr verewigt, Hermann Hendrich (1854–1931), dessen großformatige Gemälde zu Nibelungenmotiven völkische Gesinnung und germanische Heldenverehrung in Mythennebel tauchen.

Dennoch verfehlt diese Halle am Hang auch heute nicht ihre Wirkung. Schaurig-schön ist es hier, immer düster, kühl und ein wenig feucht. Und die verquaste Runenromantik samt Swastika-Verzierungen an der Frontfassade wird nach hinten heraus geradezu spielerisch entschärft. Dort gelangt man durch eine künstliche Höhle in das Reich eines 13 m langen Steindrachen. Aber das Untier der Siegfried-Sage, der legendäre Lindwurm, was tut er? – Er schläft.

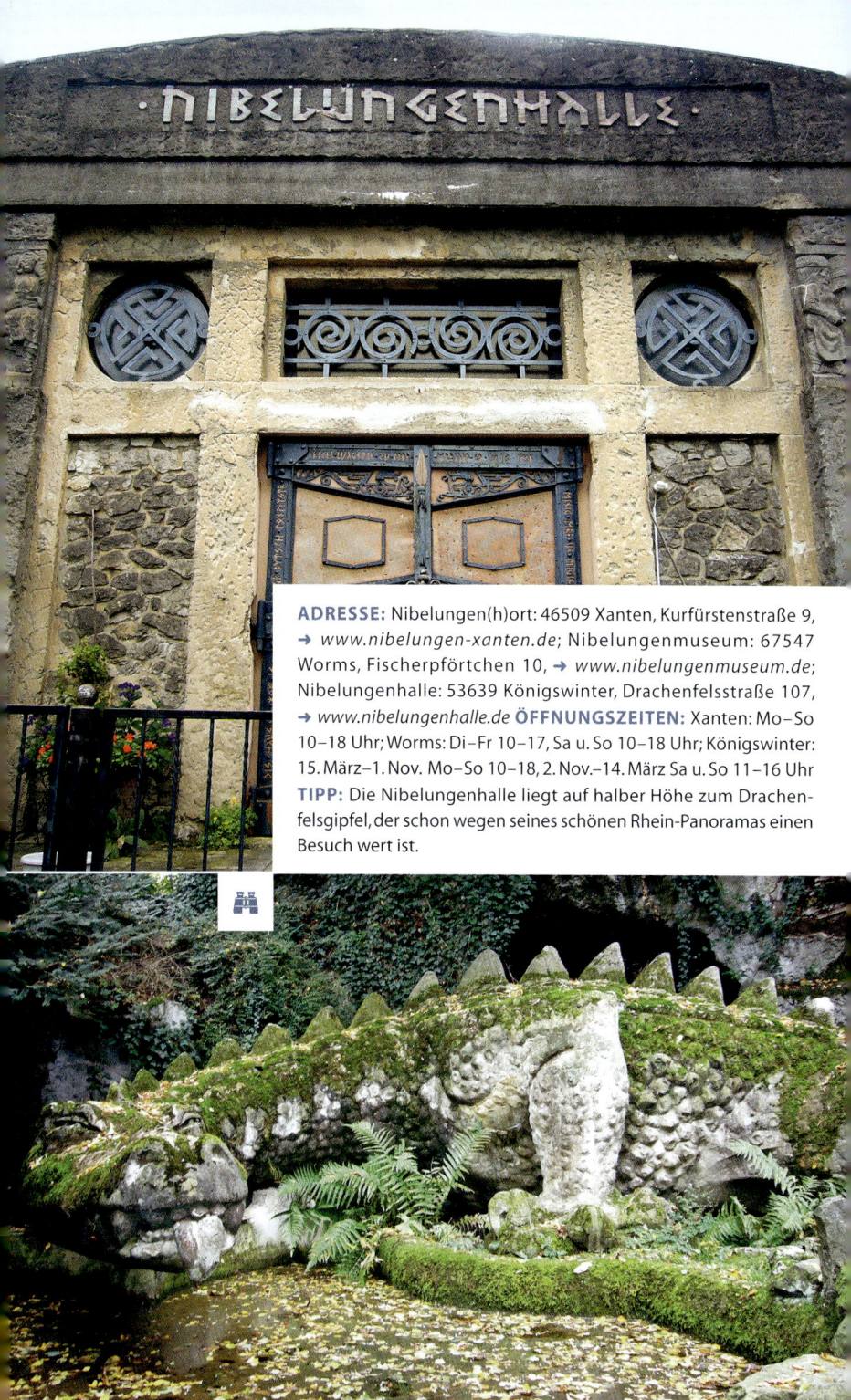

ADRESSE: Nibelungen(h)ort: 46509 Xanten, Kurfürstenstraße 9, → *www.nibelungen-xanten.de*; Nibelungenmuseum: 67547 Worms, Fischerpförtchen 10, → *www.nibelungenmuseum.de*; Nibelungenhalle: 53639 Königswinter, Drachenfelsstraße 107, → *www.nibelungenhalle.de* **ÖFFNUNGSZEITEN:** Xanten: Mo–So 10–18 Uhr; Worms: Di–Fr 10–17, Sa u. So 10–18 Uhr; Königswinter: 15. März–1. Nov. Mo–So 10–18, 2. Nov.–14. März Sa u. So 11–16 Uhr
TIPP: Die Nibelungenhalle liegt auf halber Höhe zum Drachenfelsgipfel, der schon wegen seines schönen Rhein-Panoramas einen Besuch wert ist.

60 DIE NIKOLAIKIRCHE
Der Anfang vom Ende der DDR

Eine Stadt – zwei bedeutende Kirchen. Während die Thomaskirche dem Erbe ihres berühmtesten Chorleiters Johann Sebastian Bach verpflichtet ist, mutierte die Nikolaikirche zum wichtigsten Ort für die deutsche Geschichte nach 1945. Denn hier in der Leipziger Innenstadt wurde das Ende der DDR eingeleitet und die Wiedervereinigung auf den Weg gebracht. Aber der Reihe nach.

Schon in den frühen 1980er-Jahren fanden in der Nikolaikirche die sogenannten „Montagsgebete" statt, die Regimegegnern im Schutze des Kirchenraums eine gewisse Freiheit boten. Analog zum Westen entwickelte sich aus solchen Zellen auch hinter dem Eisernen Vorhang eine kleine Friedensbewegung. „Schwerter zu Pflugscharen" – dieses Bibelzitat war 1982 auch auf einer Tafel in der Nikolaikirche zu lesen. Und genau hier startete am 4. September 1989 im Anschluss an die Gebetsstunde der erste jener Protestzüge, die bald unter dem Namen „Montagsdemo" bekannt werden sollten.

Was mit wenigen Transparenten „Für ein offenes Land mit freien Menschen" begann, entwickelte binnen kürzester Zeit eine ungeheure Dynamik. Seit dem 11. September stand zudem die Grenze von Ungarn zu Österreich offen, was der Bewegung weiteren Auftrieb gab. Unter der Parole „Wir sind das Volk" versammelten sich zunächst in Leipzig und bald auch in anderen ostdeutschen Städten immer größere Menschenmassen zum Protest. Aus 1 000 Teilnehmern wurden 10 000, und Mitte Oktober stieg ihre Zahl trotz vieler Verhaftungen und Repressionen auf 100 000. Am 6. November schließlich ging in Leipzig eine geschätzte halbe Million Menschen auf die Straßen, die Macht des Volkes war erdrückend. Drei Tage später fiel, nach 28 Jahren, die Mauer in Berlin.

Der Termin der Friedensgebete und Versammlungen in der Nikolaikirche war im Übrigen klug gelegt worden. Wenn sich montags um 17 Uhr die Unzufriedenen trafen, dann weilte die Nomenklatura – bis auf die üblichen Stasi-Spitzel natürlich – woanders. Zum Wochenanfang nach dem Feierabend nämlich standen stets die Parteiversammlungen der SED an.

ADRESSE: 04109 Leipzig, Nikolaikirchhof, → *www.nikolaikirche-leipzig.de*
ÖFFNUNGSZEITEN: 10–18 Uhr **TIPP:** Die an die Formen des Kircheninnern angelehnte Palmensäule auf dem Nikolaikirchhof wurde 1999 zum Gedenken an die zehn Jahre zurückliegenden Ereignisse errichtet.

61 DER NÜRBURGRING
Die „Grüne Hölle" in der Eifel

Man sieht die Anspannung auf den Gesichtern. Wer im Start-Ziel-Bereich des Nürburgrings auf seine Touristenrunde wartet, dem steht etwas Besonderes bevor, eine echte Prüfung, die den „ganzen Mann" erfordert. Ist der Zündschlüssel erst einmal gedreht und die Sperre passiert, dann gibt es kein Zurück mehr.

Es war der dreimalige Formel-1-Weltmeister Jackie Stewart, der den Nürburgring einst als „Grüne Hölle" bezeichnete. Grün ist es hier tatsächlich, und zwar vom Start bis zum Ziel. Schließlich befindet sich diese Rennstrecke mitten in der Eifel, einem der schönsten deutschen Mittelgebirge. Was Stewart hingegen mit „Hölle" meinte, wird jedem schnell klar, der hier selbst einmal auf die Piste geht.

Schon bald nach seiner Einweihung 1927 galt der Ring als eine der härtesten Rennstrecken der Welt. Und vor allem die klassische Nordschleife hat es noch immer in sich. Auf rund 21 km geht es um 73 Kurven, bei Höhenunterschieden von insgesamt 300 m. Wechselnde Straßenbeläge, extremes Gefälle und jähe Böen stellen die Piloten vor Aufgaben, die er bewältigen muss, um nicht von der „Grünen Hölle" direkt in den Himmel zu fahren. Und das ist, leider, durchaus wörtlich zu nehmen: Insgesamt über 140 Menschen starben auf dem Nürburgring bei offiziellen Rennen und Touristenfahrten.

Das Gefahrenpotenzial und altersbedingte Sicherheitsmängel waren auch der Grund für den Boykott der Formel-1-Piloten im Jahr 1970. Seinerzeit verfügte die Strecke nicht einmal über Leitplanken, sondern wurde von Hecken gesäumt. Aber auch die Modernisierungsmaßnahmen der Folgezeit konnten weitere Unglücke nicht verhindern. Dramatischer Höhepunkt war der Unfall des designierten Weltmeisters Niki Lauda am 1. August 1976. Als sein Ferrari in Flammen aufging, zog er sich schwere Brandverletzungen im Gesicht zu. Im selben Jahr endete die Geschichte der Nordschleife als Grand-Prix-Parcours. Bald darauf begann der Bau jener Formel-1-Strecke, die 1984 eröffnet wurde. Bejubelt wurde bei diesem Schaurennen vor allem ein Mann, der hier demonstrativ mit von der Partie war: Niki Lauda.

ADRESSE: 53520 Nürburg, → *www.nuerburgring.de* **ÖFFNUNGSZEITEN:** Die wechselnden Öffnungszeiten für Touristenfahrten sowie die Renntermine finden sich auf der stets aktualisierten Homepage. **TIPP:** Neben der 21 km langen Nordschleife kann auch die Grand-Prix-Strecke (5,15 km) von Privatpersonen befahren werden (s. Homepage). Reinstes Naturidyll bietet hingegen ein Spaziergang zur 678 m hoch gelegenen Ruine der Nürburg (→ *www.tourist-info-nuerburg.de*).

62 DIE PARTNACHKLAMM
Sprudelnd und strudelnd, sich stauend und stürzend

Man hat noch eine Ecke zu laufen vom Parkplatz bis zur Klamm. Und im Nachhinein bildet man sich ein, dass der Weg dorthin tatsächlich immer enger geworden ist. Wie in manchen Märchen, wo die ersten beiden – ruhmsüchtigen – Brüder die Orientierung verlieren und irgendwann in der spitz zulaufenden Sackgasse steckenbleiben, während der naive Jüngste glücklich ans Ziel kommt.

Märchenhaft wirkt schließlich auch die Partnachklamm, und zwar zu jeder Jahreszeit. Am beeindruckendsten mag dieses Naturwunder für Wintergäste sein, wenn die Eisstalaktiten zu Tausenden von den Felsen hängen. Aber auch jenseits dessen heischt die Klamm Respekt vor der Kraft und Beharrlichkeit der Wassermassen.

Dabei ist die Partnach eigentlich ein ziemlich bescheidenes Flüsschen. Sie entspringt im Zugspitzmassiv und kommt vor ihrer Mündung in die Loisach auf gerade einmal 16,5 km Länge. Aber auf dieser Strecke wird sie gespeist von verschiedenen Schmelzwasserzuflüssen, die sie so weit aufblähen, dass sie es auf eine maximale Breite von 25 m bringt. Und was macht so ein Gewässer, wenn es auf den steinernen Widerstand von urzeitlichem Muschelkalk stößt? Es trägt ihn ab, Nanometer für Nanometer. So entstand über die Jahrmillionen eine rund 700 m lange und bis zu 80 m tiefe Schlucht, die weiterhin ständiger Veränderung unterworfen ist.

Lange Zeit war die Partnach ausschließlich als Triftbach genutzt worden, um Holz vom Reintal nach Partenkirchen zu transportieren. Anfang des 20. Jh. jedoch erkannten die Einheimischen den touristischen Wert ihrer Klamm und erklärten sie 1912 zum Naturdenkmal. Parallel zum Wasser wurde ein Weg in den Felsen gesprengt und gehämmert. Er führt unter Überhänge und durch düstere Höhlenabschnitte, ständig zieht man den Kopf ein, und trocken kommt hier sowieso niemand wieder heraus. Als großzügige Entschädigung dienen jedoch die immer wieder neuen Ansichten hinter jeder Ecke: sprudelnde und strudelnde, sich stauende und stürzende, immer weißschäumende Wassermassen zwischen senkrecht abfallenden Felswänden.

ADRESSE: 82467 Garmisch-Partenkirchen, Parkplatz am Olympia-Skistadion, ➔ *www.partnachklamm-info.de* **ÖFFNUNGSZEITEN:** Sommer 8–18, Winter 9–17 Uhr **TIPP:** Im nahen Grainau liegt die kaum minder imposante Höllentalklamm (➔ *www.hoellentalklamm-info.de*).

63 DIE PAULSKIRCHE

Das „Haus aller Deutschen"

Es fällt nicht ganz leicht, sich in der Frankfurter Paulskirche jene Aufbruchstimmung vorzustellen, die dort in den Jahren 1848/49 geherrscht haben muss. Dies liegt vor allem am Zweiten Weltkrieg, in dem dieses Gebäude bis auf die Grundmauern ausbrannte. Historische Patina sucht man hier also vergeblich. Dennoch bildet die Paulskirche einen Ort von höchster Symbolkraft für diesen Staat namens Deutschland. Mit der Wiedereröffnung 1948 wurde die ehemalige evangelische Hauptkirche zum „Haus aller Deutschen" erklärt und fungiert seitdem als eine Art nationales Denkmal.

Der ovale Bau aus rotem Sandstein wurde ab 1789 in seiner ursprünglichen Form errichtet. Deutschlandweite Bedeutung erlangte er nach der Märzrevolution 1848. Als das erste demokratisch gewählte Parlament nach einem geeigneten Ort für seine Zusammenkünfte suchte, fiel die Wahl auf Frankfurt am Main. Aber so euphorisch die ersten Wochen in der Paulskirche verlaufen sein müssen, ist dies doch zugleich ein Ort tragischen Scheiterns. Denn noch war der Parlamentarismus nicht stark genug, um die Monarchie abzulösen. Alle weitreichenden Beschlüsse scheiterten: die großdeutsche Lösung am Widerstand des österreichischen Kaisers und die Einführung der konstitutionellen Monarchie an dem des Preußenkönigs Friedrich Wilhelm IV. Mit seinem Nein war auch die Reichs- oder Paulskirchenverfassung hinfällig. Streitigkeiten zwischen den mehr oder weniger radikalen Lagern hatten ein Übriges getan, um das Parlament zu schwächen. Im Mai 1849 war die Revolution und damit die Chance auf ein früh vereinigtes Deutschland gescheitert.

In der Wandelhalle der heutigen Paulskirche erinnert ein monumentales Rundumgemälde von Johannes Grützke an den historischen „Zug der Volksvertreter". Im großen Saal darüber wird seit 1951 alljährlich während der Buchmesse der angesehene Friedenspreis des Deutschen Buchhandels verliehen. Und die im Rund um die edelschlichte Klais-Orgel gehängten Fahnen der Bundesländer erinnern daran, dass es ja dann irgendwann doch noch klappte mit der deutschen Einheit: 1871 und – deutlich friedlicher – 1990.

ADRESSE: 60311 Frankfurt am Main, Paulsplatz 1, → *www.frankfurt.de*
ÖFFNUNGSZEITEN: täglich 10–17 Uhr **TIPP:** Nur einen Steinwurf entfernt liegt der Römer, Frankfurts Rathaus aus dem 15. Jh. Hier dominiert im Gegensatz zur Paulskirche eher die monarchische Tradition, wurde doch bis 1806 ein Großteil der deutschen Kaiser und Könige im Römer gekrönt.

64 DAS PHANTASIALAND
Deutschlands ältester Vergnügungspark

An die Ursprünge dieses Parks erinnert heute nur noch der kleine See im Norden. Wo inzwischen das Wakobato-Patrouillenboot kreist, da wurde früher nach Braunkohle gebuddelt. Noch heute regiert der Tagebau dieses „die Ville" genannte Revier im Erftkreis. Ausgekohlte Fundstellen wurden rekultiviert und zu waldbestandenen Seen. Und die 1858 eröffnete Grube Berggeist mutierte zu Deutschlands bekanntestem Vergnügungspark.

Bis dorthin war es jedoch am Eröffnungstag, dem 30. April 1967, noch ein weiter Weg. In den ersten Jahren bestand das Phantasialand im Wesentlichen aus einem Märchenpark. Die Figuren und liebevoll gezimmerten Hütten stammten von den Gründern Gottlieb Löffelhardt und Richard Schmidt, der zuvor an verschiedenen TV-Puppenspielen beteiligt gewesen war. Auf Knopfdruck kamen die Märchen vom Band, die Puppen setzten sich in Bewegung und die Kinder staunten. Aber das ist schon lange Geschichte, genau wie das Ponyreiten im Westerndorf „Silver City" oder die „Seeräuberfahrt nach Carthagena" auf dem alten See. Lediglich das 1970 aufgebaute „Alt Berlin"-Viertel versprüht noch jenen leicht verträumten, antiquierten Charme der Pioniertage.

Denn Vergnügungsparks stehen unter dem Druck, sich allzeit verjüngen und stets innovativ bleiben zu müssen. Dank moderner Elektronik erreichen Attraktionen wie das „Race for Atlantis" im Fantasy-Sektor einen famosen Illusionsgrad. Den Trend zu immer mehr Thrill bedienen u. a. die halsbrecherische Gondeltour im „Talocan" und das „Mystery Castle", in dem man 65 m im freien Fall nach unten stürzt.

Dominantes Element jedoch sind seit vielen Jahren die Achterbahnen, allen voran die 2006 eingeführte Black Mamba. Von der Schlange in die Schlange: Wer die Wartezeit nicht scheut, der findet sich irgendwann in ihren Fängen wieder. Mit bis zu 80 km/h schleudert die Black Mamba die Insassen durch Korkenzieher, einen 20-Meter-Looping und mit der Zero-G-Roll in die Schwerelosigkeit. Für unerfahrene Gäste empfiehlt es sich, an geeigneter Stelle erst einmal zuzusehen. Denn wenn die Sicherheitsbügel geschlossen sind, gibt es kein Zurück mehr.

ADRESSE: 50321 Brühl, Berggeiststraße 31–41, ➜ www.phantasialand.de **ÖFFNUNGSZEITEN:** April–Okt. 9–18 Uhr, Nov.–Jan. unregelmäßig (s. Homepage), Feb. und März geschlossen **TIPP:** In Brühl findet man auch die beiden hübschen Rokoko-Schlösser Augustusburg und Falkenlust.

65 DIE PHILIPPS-UNIVERSITÄT
Die älteste protestantische Alma Mater der Welt

Am 31. Oktober 1517 nagelte Luther seine 95 Thesen gegen die Auswüchse des Ablasswesens an die Tür der Wittenberger Schlosskirche. Der Renegat musste sich vor dem Reichstag verteidigen, tauchte unter und kehrte zurück. Peu à peu veränderte er die kirchlichen Bräuche und formte das Bewusstsein seiner Schäfchen, sodass irgendwann von einem neuen Glauben gesprochen werden konnte. Aus Lutheranern, also bloßen Anhängern, wurden Protestanten, die einer eigenen Glaubensrichtung folgten. Ohne reformwillige Landesfürsten hätte der Missionierungsfeldzug des Eislebener Bergmannssohns keine Chance gehabt. Einer dieser Herren war der Marburger Landgraf Philipp, der den aussagekräftigen Beinamen „der Großmütige" trug. Schon zehn Jahre nach dem Thesen-Streich gründete der Landgraf in dem kleinen Städtchen an der Lahn die erste protestantische Universität der Welt.

Die Marburger Kernstadt unterhalb des Schlosses ist viel zu kleinteilig und steil, als dass sie einen großangelegten, zentralen Campus ermöglichte. Die verschiedenen Institute der Universität findet man heute quer durch die ganze Altstadt verteilt. Gerade einmal 88 Studenten gehörten ihr zu Anfang an, die von 17 Professoren unterrichtet wurden. Einen frühen geisteswissenschaftlichen Höhepunkt erlebten diese zwischen dem 1. und 4. Oktober 1529, als sich auf Einladung Philipps oben im Schloss die crème de la crème des antipapistischen Widerstands versammelte. Zu den „Marburger Religionsgesprächen" erschienen u. a. Ulrich Zwingli, Philipp Melanchthon und Martin Luther persönlich.

Die kirchlich-akademische Bedeutung wird heutzutage am intensivsten in der Alten Universität gespeichert. Das neugotische Gebäude entstand unter preußischer Ägide ab 1873 auf den Restmauern eines Dominikanerklosters. Genau hier hatte auch Philipp der Großmütige einst seine Universität angesiedelt. In der Alten Aula finden sich sieben große Gemälde zur Historie der Marburger Alma Mater, und in den Seminarräumen um die Aula herum residiert genau jener Fachbereich, den man hier als Erstes vermuten würde: Evangelische Theologie.

ADRESSE: Alte Universität: 35035 Marburg, Lahntor 3, ➔ www.uni-marburg.de **ÖFFNUNGSZEITEN:** Die Alte Universität ist zu den üblichen Lehrzeiten zu besichtigen. Führungen durch die Alte Aula: 06421/9912-0 **TIPP:** Direkt an die Alte Universität schließt sich die sehenswerte gotische Universitätskirche an (Di–So 9–18 Uhr).

66 DIE PORTA NIGRA
Alt, älter, Trier

Trier wurde 17 v. Chr. als Augusta Treverorum unter Kaiser Augustus gegründet. Die somit älteste Stadt Deutschlands darf sich zudem der ältesten Bischofskirche der Republik rühmen: Der Dom gleich neben der ebenfalls historisch bedeutenden Liebfrauenkirche geht auf das 4. Jh. zurück. Die damalige Urkirche war allerdings gleich vier Mal so groß wie der heutige Bau und damit – schon wieder ein Superlativ – der größte Christenbau der Antike. Und nur ein paar Meter weiter steht mit der Konstantin-Basilika der voluminöseste Einzelraum der Römerzeit. Der einstige Thronsaal misst 27 x 67 m bei einer Höhe von 33 m. Sein karges, edelschlicht wirkendes Mauerwerk mit den schmalen Backsteinen verdankt er im Übrigen den Franken, die hier im 5. Jh. allen Marmor und alle Mosaike plünderten. Sehr majestätisch kommen schließlich auch die Überreste der Kaiserthermen daher, die man mit einem Gang durch den hochherrschaftlichen Palastgarten erreicht. Erhalten blieben etwa die Außenwände des einstigen Caldariums, des Wärmebades der Anlage. Und naturgemäß am unbeschadetsten überlebt haben die unterirdischen Räumlichkeiten. Wo früher die Sklaven durch die engen, düsteren Gänge hetzten, wandelt der heutige Besucher wie durch ein Labyrinth. Viele Gänge enden im Nichts, andere sind dermaßen eng, dass man fürchtet, hier irgendwann steckenzubleiben.

Findet man jedoch wieder ins Freie, wartet noch immer der unangefochtene Höhepunkt eines Trier-Trips auf den Besucher: die Porta Nigra. Einen überzeugenden Eindruck von der Wehrhaftigkeit des Baus bekommt man im Innern des Doppelbogens. Die schiere Stärke der bis zu sechs Tonnen schweren Quader besticht ebenso wie die imposante Höhe samt den düsteren Wehrgängen. Den Namen Porta Nigra, Schwarzes Tor, erhielt das um 160 n. Chr. begonnene Bauwerk erst im Mittelalter. Schon damals dürfte der ursprünglich helle Sandstein aus dem Kylltal begonnen haben, sich dunkel zu färben. Besonders deutlich tritt dieser Effekt auf der stadteinwärtigen Seite zutage. Hier trägt die Porta tatsächlich ein tiefschwarzes Kleid – vielleicht um ihrer Trauer über der Tatsache Ausdruck zu geben, dass sie trotz allem Aufwand nie vollendet wurde.

ADRESSE: 54290 Trier, → *www.trier-info.de* **ÖFFNUNGS-ZEITEN:** Porta Nigra: April–Sept. 9–18, Okt. u. März: 9–17, Nov.–Feb. 9–16 Uhr **TIPP:** Im Haus Brückengasse 10 wurde am 5. Mai 1818 Karl Marx geboren. Heute befindet sich hier ein Museum über den Begründer des Kommunismus (→ *www.fes.de/Karl-Marx-Haus*).

67 QUEDLINBURG
Fachwerkbauten aus sechs Jahrhunderten

Das Städtchen an der Bode galt stets als östliches Pendant zu Rothenburg ob der Tauber (s. S. 162). Beide Orte verfügen über einen äußerst reichen Schatz an Fachwerkhäusern, allein in Quedlinburg stehen rund 1 300 Exemplare aus 600 Jahren. Die geographische Lage am Nordrand des Harzes wurde jedoch nach 1945 zum Problem, und dies, obwohl sich die Kriegszerstörungen sehr in Grenzen hielten. Das heutige Sachsen-Anhalt gehörte zum Hoheitsgebiet der DDR, und diese verfügte weder über das nötige Geld noch die Materialien, um das einzigartige Ensemble instand zu halten.

Wie man mit solch einer historisch heiklen Bausubstanz umgeht, das kann man direkt vor Ort im Fachwerkmuseum studieren. Dem Thema gemäß residiert es in einem der ältesten Gebäude am Platz. Das Ständerhaus, so genannt wegen seiner durchgehend bis unters Dach verlaufenden Stützbalken, stammt aus der ersten Hälfte des 14. Jh. Historisches Handwerkszeug, traditionell gezimmerte Eckverbindungen und ganze Häusermodelle informieren anschaulich über die Geschichte der Fachwerkbaukunst.

Mittlerweile wurde Quedlinburg ebenso wie Rothenburg dem UNESCO Welterbe zugeschlagen, und dadurch öffnete sich die eine oder andere Geldquelle. Dennoch erkennt man auf den ersten Blick Unterschiede zwischen den beiden auserkorenen Städten im Osten und im Westen der Republik: In Quedlinburg blättert mancherorts der Putz ab, zahlreiche Häuser harren noch ihrer Renovierung und stehen leer. Dafür bleibt die Stadt aber auch vom Massentourismus, wie man ihn an der Tauber kennt, weitgehend verschont. Wer hier, etwa nach einem Abstecher zum Münzenberg, im Klopstock-Haus landet, der hat Raum und Zeit, um sich in das Leben des Dichters zu vertiefen. Der Vorklassiker wurde 1724 in Quedlinburg geboren, besuchte das örtliche Gymnasium und weilte auch später noch hin und wieder in seiner Heimatstadt. Hier unterhalb des Schlossbergs öffnen sich die kleinen Gassen des Ortes zudem zu einem idyllischen Platz, der an Ausdehnung nur noch vom Markt übertroffen wird. Und das bedeutet: Hier kann man die Architektur einmal bis zum Giebel genießen, ohne den Kopf in den Nacken werfen zu müssen.

ADRESSE: 06484 Quedlinburg, → www.quedlinburg.de
ÖFFNUNGSZEITEN: Fachwerkmuseum „Ständerbau": April–Okt. Fr–Mi 10–17, Nov.–März Fr–Mi 10–16 Uhr; Klopstock-Haus (Schlossberg 12): April–Okt. Mi–So 10–17 Uhr
TIPP: Der Sprung vom Fachwerk in die zeitlose Moderne des Bauhauses gelingt mit einer Fahrt ins 60 km östlich gelegene Dessau (s. S. 32).

68 DIE RATHÄUSER DES WESTFÄLISCHEN FRIEDENS

Münster, Osnabrück und der Dreißigjährige Krieg

Der Dreißigjährige Krieg (1618–48) ging vor allem auf deutschem Territorium vonstatten. Viele Gegenden wurden mehrmals heimgesucht, denn das Kriegsglück der beteiligten Großmächte wechselte häufig. Ausgelöst worden war das schier endlose Gemetzel durch den Prager Fenstersturz vom 23. Mai 1618, mit dem die protestantischen Stände der Stadt die Statthalter des katholischen Kaisers aus der Burg beförderten. Aus dem anfänglichen Religionskrieg entwickelte sich jedoch alsbald ein zunehmend wirrer werdender Kampf um die Macht im Europa der frühen Neuzeit.

Im Jahr 1643 hatten parallel zu den andauernden Kampfhandlungen erste Friedensgespräche eingesetzt. Und dies war, das erkannten wohl selbst die erbittertsten Kämpen, seinerzeit auch unausweichlich. Hungersnöte, Seuchen und Vertreibungen hatten ganze Landstriche entvölkert, die Felder waren verwüstet, Handel und Wirtschaft lagen für Jahrzehnte am Boden. Als Orte der verschiedenen Verhandlungen hatte man nach langer Diskussion Münster und Osnabrück auserkoren.

Die beiden „Friedenssäle" ähneln sich in vielerlei Hinsicht. Beide sind mehr oder weniger quadratisch und komplett mit Holz ausgeschlagen. Innerhalb dieser Wände ging es nicht um Prunksucht, hier wurde für gewöhnlich zu Gericht gesessen oder beraten. Was sofort auffällt, ist die Anordnung der Sitze. Die schlichten Bänke ziehen sich in Münster wie in Osnabrück an allen vier Wänden entlang. Niemand saß hier zentral oder erhöht, mithin: Hier stand einer demokratischen, gleichberechtigten Debatte auf Augenhöhe auch räumlich nichts im Wege. Die Friedensschlüsse von Münster und Osnabrück bildeten letztlich die Basis für das moderne Europa unserer Tage. Und jene Männer, die sie damals aushandelten, finden sich nun in den Friedenssälen als Gemäldegalerie vereint.

Mögen die Meinungsverschiedenheiten zwischen den Abgesandten beider Lager noch so groß gewesen sein, so waren sie sich in modischen Dingen vollkommen einig. Denn ob Kathole oder Evangele, im Gesicht trug man 1848 grundsätzlich einen ritterlichen Schnauz mit Spitzbart.

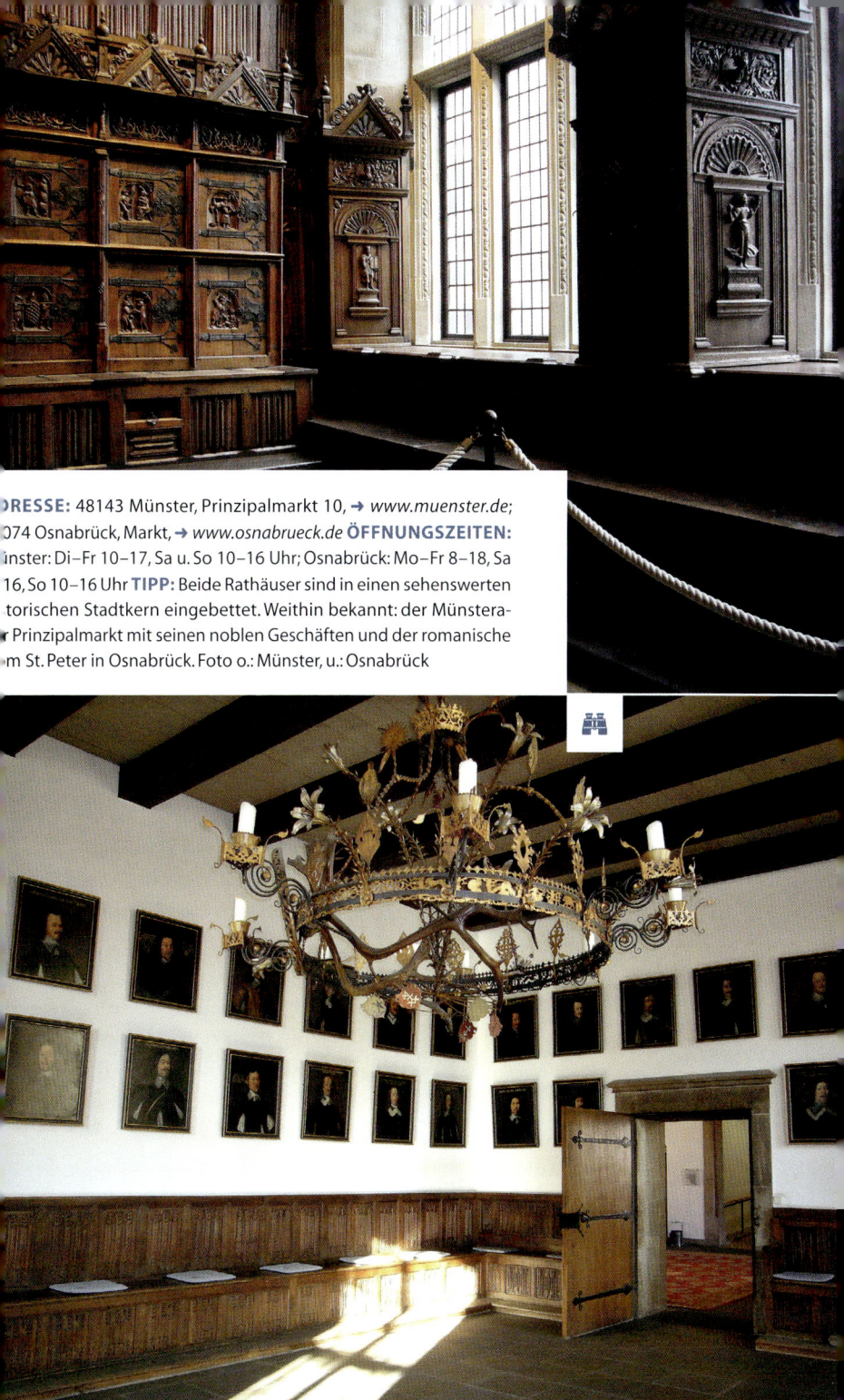

DRESSE: 48143 Münster, Prinzipalmarkt 10, ➔ www.muenster.de; 074 Osnabrück, Markt, ➔ www.osnabrueck.de **ÖFFNUNGSZEITEN:** inster: Di–Fr 10–17, Sa u. So 10–16 Uhr; Osnabrück: Mo–Fr 8–18, Sa 16, So 10–16 Uhr **TIPP:** Beide Rathäuser sind in einen sehenswerten torischen Stadtkern eingebettet. Weithin bekannt: der Münstera- Prinzipalmarkt mit seinen noblen Geschäften und der romanische m St. Peter in Osnabrück. Foto o.: Münster, u.: Osnabrück

69 DIE REEPERBAHN
Die „sündigste Meile der Welt"

„Reeperbahn, wenn ich dich heute so anseh/ Kulisse für nen Film, der nicht mehr läuft/ ich sag dir, das tut weh!" – So sang Udo Lindenberg bereits 1978 zur Melodie von „Penny Lane" (Beatles). Der Rocksänger und langjährige Wahlhamburger hatte sich zu jenem Zeitpunkt schon Jahre auf dem Kiez herumgetrieben. Während er in jenem Song von der guten alten Zeit mit Ringo (Starr, der von den Beatles) und „den Damen" schwärmt, konzedierte er nun einen rapiden Niedergang.

Über drei Jahrzehnte später kann man dies noch immer genauso sehen. Die Hamburger Reeperbahn ist eine abgerockte Schneise für trostlosen Sex und finanziell teure, stilmäßig billige Unterhaltung. Zugleich jedoch weht auch ein frischer Wind durch die verratzten Gassen des Viertels. Neue Clubs und Kneipen öffnen sich einem neuen, jüngeren Publikum. Hier verkehrt mittlerweile nicht zuletzt der szeneorientierte Nachwuchs der Region.

Die Reeperbahn erhielt ihren Namen von den Reepschlägern, den Taumachern, die sich hier im 17. Jh. ansiedelten. Mit den ersten Dampfschiffen, die ab 1816 in St. Pauli anlegten, strömten auch die Matrosen ins Revier. Und mit ihnen die Kneipiers und die Dirnen. Binnen weniger Jahre wurde St. Pauli zum Vergnügungsviertel, 1894 folgte die Eingemeindung nach Hamburg.

930 m misst sie, diese sogenannte „sündigste Meile der Welt", die als Hauptachse des Stadtteils ein komplettes Rotlichtrevier zusammenhält. Recht und Ordnung repräsentiert hier die Davidwache, während die berühmt-berüchtigte Herbertstraße mit ihren Barrieren und Prostituierten-Schaufenstern für die halbweltlichen, irrlichternden Abgründe des Kiez steht. Ein zugleich assoziiertes und doch ganz anders geartetes Denkmal findet sich hingegen an der nördlich abzweigenden Großen Freiheit. Ein Gedenkstein erinnert dort an den Star-Club, der einst weltweite Berühmtheit erlangte durch jene vier Musiker, die hier am 13. April 1962 ihr erstes von vielen Dutzend Konzerten gaben. Ein paar Jahre später schrieben sie ihren Song „Penny Lane", dessen Melodie sich Udo Lindenberg für seine „Reeperbahn" leihen sollte: die Beatles.

ADRESSE: 20359 Hamburg/St. Pauli, ➜ www.hamburg.de
TIPP: In der Davidstraße 17 liegt das privat geführte St.-Pauli-Museum mit vielen Dokumenten und Relikten zur Geschichte des Stadtteils (➜ www.st-pauli-museum.com).

70 DER REICHSTAG
Vom Affenhaus zum Bundestag

Als Kaiser Wilhelm I. am 9. Juni 1884 den Grundstein für dieses Gebäude legte, da zersprang sein Hammer. Ein Unfall, natürlich! – Aber einer von hohem Symbolwert. Überquert man heute, vom Hauptbahnhof kommend, die Spree, dann drängt sich der Gedanke auf, dass nicht nur Wilhelms Werkzeug, sondern das gesamte Terrain hier noch ein bisschen unvollkommen wirkt. Kahl wie ein Schussfeld liegt er da, der Platz der Republik, und das Grün der Reichstagswiese vertrüge durchaus ein paar blumenbunte Kontraste.

Auch nach seiner Einweihung stand das Bauwerk des Architekten Paul Wallot oftmals im Zentrum der deutschen Geschichte. Wilhelm II. mochte es nicht und schimpfte es „Reichsaffenhaus". Natürlich stand dahinter seine tiefe Abneigung gegen jenes Parlament, das darin tagte. Erst Ende 1916, mitten im Ersten Weltkrieg, segnete er die Giebel-Inschrift ab: „Dem Deutschen Volke".

Dieses Volk und seine Zukunft hatte auch der Sozialdemokrat Philipp Scheidemann im Sinn, als er hier am 9. November 1918 die Republik ausrief. Und wie dieser Beginn der Weimarer Ära, so war auch deren Ende eng mit dem Reichstag verknüpft: Den Brand des Plenarsaals in der Nacht vom 27. auf den 28. Februar 1933 nahm Hitler zum Anlass für das sogenannte „Ermächtigungsgesetz", das ihm den Weg zur Diktatur ebnete.

57 Jahre dauerte es sodann, bis im Reichstag wieder ein gesamtdeutsches Parlament zusammenkam. Am 3. Oktober saßen hier einträchtig die Vertreter von Bundestag und Volkskammer und feierten die Wiedervereinigung. Und neun weitere Jahre gingen ins Land bis zur Fertigstellung der gläsernen Kuppel, die diesem wuchtigen Renaissance-Gebäude seine moderne Krone aufsetzte.

23,5 m ist sie hoch und besteht aus 800 t Stahl, 3 000 qm Glas und jeder Menge Hightech. Hell und weltoffen soll es hier heutzutage zugehen. War das Gebäude ursprünglich mit französischen Reparationszahlungen nach dem Krieg von 1870/71 finanziert worden, so stand beim Kuppelbau ein europäisch-einender Gedanke im Vordergrund. Davon zeugt nicht zuletzt der Architekt: Norman Foster, der geadelte Sir, ist Engländer.

ADRESSE: 11011 Berlin, Platz der Republik 1, ➜ *www.bundestag.de* **ÖFFNUNGSZEITEN:** Besuche nur nach vorheriger Anmeldung, s. ➜ *www.bundestag.de/besuche* **TIPP:** Misslingt die angestrebte Anmeldung wegen Überfüllung, bietet sich das Dachgartenrestaurant östlich der Kuppel an (täglich 9–16.30 u. 18.30–24 Uhr, Reservierungen unter Tel. 030/22629933).

71 DER ROLAND
Die Freiheitsstatue der Hansestadt Bremen

Manchmal ist es wichtig, in welche Richtung so eine Steinfigur schaut. Der Bremer Roland zum Beispiel hat fest den Dom im Blick, und dies nicht zufällig. Dort im mächtigen Sakralbau nämlich residierte der Erzbischof, der stets auch auf die weltliche Macht in der Stadt schielte. Indem die Bremer Bürgerschaft also ihren Roland vor über 600 Jahren derart positionierte, setzte sie zugleich ein Ausrufezeichen im Kampf um die städtische Vorherrschaft. Und wie hart der geführt wurde, belegt das Schicksal des Roland-Vorgängers: Die hölzerne Skulptur wurde 1366 von den Büttelndes Bischofs in Brand gesetzt.

Das 14. Jh. war – dagegen konnte auch die Kirche nichts ausrichten – das Jahrhundert der Roland-Statuen. Die kaufmännisch geprägten Städte prosperierten, vom Kaiser verliehene Freiheiten wie das Markt- und Stapelrecht hoben den Bürgerstolz wie die städtischen Einnahmen. Die Ära des Rittertums ging ihrem Ende entgegen und mutierte zum Mythos – unter anderem in der Gestalt des Roland. Der Edelmann verkörperte fortan die Reichsfreiheit der Stadt.

Roland-Statuen findet man seither viele, auch jenseits der deutschen Grenzen. Die Bremer Plastik gilt jedoch als Prototyp für alle späteren und ist die größte ihrer Art in Europa. Rund fünfeinhalb Meter misst allein die aus rarem Elmkalkstein gehauene, 1404 aufgestellte Ritterfigur. Und vom Sockelfuß bis zur Spitze sind es gar 10,21 m. Zum doppelköpfigen Reichswappen trägt der Roland, wie alle Rolande, das gezogene Schwert als Zeichen seiner Wehrhaftigkeit. Ein bisschen steif wirkt er, der hanseatische Recke. Und ob er wirklich den Dom fixiert oder nicht doch irgendeinen Punkt daneben, sei dahingestellt. Jedenfalls macht er sich gut hier, eingebettet in das harmonische Gebäudeensemble des Bremer Marktplatzes. Völlig frei von schrill-bunten Plakatwänden dominieren archaische, zwischen sandhell und ziegelrot schimmernde Steintöne. Dezent farbig ausgemalt kommt lediglich die reich verzierte Fassade des 1410 errichteten Rathauses daher. Für diesen antikisierten Stil des 17. Jhs. schuf man im Übrigen den schönen Namen „Weser-Renaissance".

ADRESSE: 28195 Bremen, Marktplatz,
→ *www.bremen-tourismus.de* **TIPP:**
Blank poliert glänzen die Vorderbeine des Bremer Stadtmusikanten-Esels an der Nordwestseite des Rathauses. Das Berühren der Hufe verspricht Beistand von oben.

72 DAS ROTE HAUS
Weiches Wasser, strahlende Farben, edles Tuch

Das „Rothenburg der Eifel", so wird Monschau bisweilen genannt. Ein erster großer Unterschied zwischen den beiden historischen Vorzeige-Städtchen wird allerdings schon bei der Anfahrt deutlich. Denn während Rothenburg (s. S. 162) hoch über der Tauber errichtet wurde, geht es gen Monschau in engen Serpentinen bergab in ein tief eingeschnittenes Tal. Dort, wo der Laufenbach in die Rur mündet, liegt seit 1760 das repräsentativste Wohngebäude des Ortes, das Rote Haus.

Errichtet wurde es von dem Tuchmacher Johann Heinrich Scheibler (1705–65), einem frühen Großunternehmer. Der von ihm betriebene Wollhandel ernährte mehrere Tausend Menschen in der Region und quer durch ganz Europa. Scheibler bezog seine Qualitätswolle aus Spanien und exportierte die fertigen Produkte wiederum nach Südeuropa und bis nach Kleinasien. Der Reichtum, den der Eifeler Kaufmann dabei anhäufte, spiegelt sich in der prachtvollen Ausstattung seines Monschauer Wohn- und Arbeitshauses.

Rokoko-, Louis-seize- und Empire-Stil bestimmen die 15 zu besichtigenden Räume der Familie. Höhepunkt handwerklicher Kunst ist die freitragende Wendeltreppe aus massivem Eichenholz. Elegant windet sie sich vom Erdgeschoss bis in den 3. Stock und bezirzt durch aufwendige Schnitzereien. Diese erklären in 21 Szenen die Verarbeitung von Schafswolle – vom Spulen über das Weben bis hin zum Abtransport der fertigen Ballen. Grundstein des Scheiblerschen Erfolges wurde die Idee, das Material bereits in rohem Zustand zu färben, sodass in der Folge die verschiedensten Muster entstehen konnten. Um 1740 entwickelte er als deutschlandweit Erster eine Art Tigermuster, das zu einem modischen Westenstoff avancierte.

Den Einfallsreichtum der Monschauer Tuchmacher bezeugen heutzutage die beiden großformatigen Musterbücher vom Anfang des 19. Jh. Vitrinengeschützt ruhen sie in einem Kontorzimmer mit Rurblick. Und das Wasser dieses Flüsschens war es auch, das der Manufaktur den letzten Schliff gab: Weich und kalkarm, wie es ist, fördert es auf natürlichem Wege die Strahlkraft der Farben.

ADRESSE: 52156 Monschau, Laufenstraße 10, → www.rotes-haus-monschau.lvr.de
ÖFFNUNGSZEITEN: Karfreitag – 30. Nov. 10, 11, 14, 15 u. 16 Uhr jeweils zur vollen Stunde **TIPP:** In den engen Gassen Monschaus wird es am Wochenende recht voll. Ein bisschen Luft verschafft ein Spaziergang auf der Laufenstraße zum Senfmuseum (Nr. 118) nördlich des Ortes (→ www.senfmuehle.de).

73 DAS ROTE KLIFF
Sisyphusarbeit auf Sylt

Eine Zugfahrt über den Bahndamm nach Sylt ist zugleich entspannend und ein naturkundlicher Ausflug durch die Marschlandschaft an der Nordsee. Sobald sich der Frühnebel lichtet, bescheint die Sonne silbrig glänzende Wattvögel. Schmale Wasserläufe zwischen weiten Grasflächen strukturieren das Gebiet zwischen Niebüll auf dem Festland und Klein-Morsum, dem Ostzipfel von Sylt. Von der Endstation in Westerland erreicht man nach wenigen Hundert Metern den Deich der langgestreckten Küste. Wendet man sich von hier aus gen Norden, gelangt man schon bald zum Wahrzeichen der Insel.

Wer noch nie auf Sylt war, kennt vom Roten Kliff nur die Abbruchkante auf der Höhe von Kampen. Von Süden her jedoch beginnt diese Steilküste weit weniger spektakulär. Sandvorspülungen von Menschenhand haben künstliche Schutzdünen entstehen lassen, die vom berühmten Strandhafer, einem anspruchslosen Gras mit reichem Wurzelwerk, zusammengehalten werden. Auch in der Folge ist das namensgebende Rot eigentlich nur in der Abendsonne auszumachen. Es beruht auf den oxidierten Eisenteilchen in diesem Gestein, das vor über 100 000 Jahren von einem Gletscher aufgestaut wurde. Unterhalb der 52 m hohen Uwe-Düne jedoch bietet die Abbruchkante des Kliffs einen dramatischen Anblick. Vor allem hier wird deutlich, mit welch unermüdlicher Kraft die Natur daran arbeitet, diesen Küstenstrich tagtäglich zu verändern, zu modellieren, zu reduzieren und letztlich zu zerstören. Ein wenig erinnert das Rote Kliff an einen uralten Baum. Raue Borke bedeckt notdürftig einen zigfach geborstenen Stamm. An manchen Stellen hat das Wasser regelrechte Höhlen ausgefräst, deren Überhang unweigerlich dem nächsten Sturm zum Opfer fallen wird. Wenn hier, vor allem im Frühjahr, die Schiffe ausfahren, um vor der Küste Sand zu saugen und an den Strand zu spucken; wenn sodann die Bagger anrücken, um das Material flächig zu verteilen und platt zu drücken; und wenn schließlich die erste größere Welle anrückt, um sich den Sand zurück ins Meer zu holen: Dann versteht man zur Gänze die Bedeutung des Wortes „Sisyphusarbeit".

ADRESSE: Sylt, Westküste, zwischen 25996 Wenningstedt und 25999 Kampen, → *www.sylt.de* **TIPP:** Drei Kilometer nördlich von Kampen gelangt man zur Sylter Vogelkoje. Das Areal ist durch einen Lehrpfad erschlossen (→ *www.vogelkoje.de*).

74 ROTHENBURG OB DER TAUBER
Krumm, schief und verwunschen

Wenn es einen Platz gibt in Rothenburg, den man als Pars pro Toto für die ganze Stadt nehmen könnte, dann ist es das Plönlein. Von seiner Lage her erinnert es an das Manhattaner Flatiron Building, sitzt es doch wie dieses genau im Scheitel zweier spitzwinklig aufeinander zulaufender Straßen. Ansonsten jedoch könnten die Unterschiede zwischen den beiden Gebäuden nicht größer sein. Denn während das New Yorker Haus von 1902 bis heute für die architektonische Moderne steht, gilt das mittelfränkische Häuschen als Inbegriff des deutschen Mittelalters.

Rothenburg ob der Tauber, ein Ort mit gerade einmal 11 000 Einwohnern, empfängt jedes Jahr rund 1,5 Mio. Touristen. Dennoch verlieren diese Gassen, diese zahllosen Fachwerkbauten, Türmchen und Tore dadurch nichts von ihrem Reiz. Sei es die Ratstrinkstube, die ihre Funktion genauso im Namen trägt wie das imposante Fleisch- und Tanzhaus; oder sei es das Hegereiterhaus, das Baumeisterhaus und die Gerlachschmiede: Diese Architektur, diese Stadt-Physiognomie besticht durch das gänzliche Fehlen rechter Winkel. Alles ist hier ein bisschen krumm, ein bisschen schief, ein bisschen verwunschen-verwachsen. Die Beliebtheit des Plönleins als Fotomotiv rührt nicht zuletzt daher, dass es sich in ein ganzes Ensemble von postkartenfähigen Gebäuden einordnet. Links dahinter steigt der 1385 erbaute Siebersturm auf, während rückwärtig auf der rechten Seite das Kobolzeller Tor (um 1360) auszumachen ist, hinter dem sich die Stadt hinunter zur Tauber schwingt.

Rothenburg ob der Tauber, schon im 19. Jh. ein Touristenmagnet, wurde von den Alliierten des Zweiten Weltkriegs bewusst von größeren Zerstörungen verschont. Nicht zuletzt deshalb wird das Auge des Reisenden dermaßen intensiv gereizt durch mittelalterliche Attraktionen, dass man die vielen Kameras rundherum irgendwann kaum mehr wahrnimmt. Mit ein bisschen Fantasie – oder zum Beispiel sehr früh am Morgen, wenn die Straßen noch etwas leerer sind – taucht man hier nach ein paar Minuten wirklich ab in vergangene Zeiten. Biegt da gerade ein verschlafener Nachtwächter mit Holzpantinen um die Ecke? Vielleicht.

ADRESSE: 91541 Rothenburg ob der Tauber, ➜ *www.rothenburg.de* **TIPP:** Unter den zahlreichen Kirchen der Stadt sei St. Jacob in der Klostergasse 15 mit seinem Heilig-Blut-Altar von Tilman Riemenschneider empfohlen.

75 DIE SAARSCHLEIFE
Ein extrem symmetrischer Umweg

Viele Millionen Jahre hatte die Saar Zeit, um sich möglichst gradlinig von Süden nach Norden vorzukämpfen. Stetes Wasser höhlt den Stein, sagt man, und genauso hat es auch dieser mittelgroße Fluss gehalten. Jedenfalls bis knapp hinter der Ortschaft Merzig. Dort jedoch stößt das Wasser auf die westlichen Ausläufer des Hunsrück, der hier in den nördlichen Saargau übergeht. Wie aus einer Laune der Natur heraus quälte sich die Saar an dieser Stelle jedoch nicht geradewegs ins Gestein hinein, sondern entschied sich für einen Umweg.

Und was für einen: Nur zwei Kilometer Luftlinie sind es eigentlich von Besseringen nach Mettlach. Der Fluss jedoch fließt hier zunächst nach Nordwesten, um dann jäh um 180 Grad zu drehen und seinen ursprünglichen Weg erst nach zehn Kilometern fortzusetzen. Im Scheitel der Saarschleife ragt das Quarzitgebirge fast 200 Meter steil auf und offeriert einen spektakulären Blick auf das Flusstal.

Der Name „Cloef" für diesen Aussichtspunkt stammt möglicherweise aus dem Keltischen und bedeutet „steiles Felskerbtal". Andere Historiker sehen hier das französische Wort „clef" (Schlüssel), weil ein Schlüssel das Wappen der Burgherren von Montclair zierte. Bis heute bezaubert die Symmetrie, mit der die Saar sich in die Kurve legt. Nicht anders sahen das die ersten prominenten Gäste, die sich hier einfanden. Auf der Cloef traf sich Konrad Adenauer mit saarländischen Politikern (1965), hier standen werbewirksam Oskar Lafontaine und Gerhard Schröder beisammen (1997), und Angela Merkel empfing ihre Kollegen Jacques Chirac und Lech Kaczynski zu einem Dreier-„Gipfel", der seinen Namen wirklich verdiente (2006). Frühester Wegbereiter des Cloef-Tourismus war jedoch der Preußenkönig Friedrich Wilhelm IV., der der Saarschleife 1856 seine Aufwartung machte. Der Boom führte sogar zur Einrichtung einer eigenen Cloef-Gastronomie, die wegen ständiger Krawalle jedoch 1925 mit einem Alkoholverbot belegt wurde. Heutzutage steht hier stattdessen die 1952 eingeweihte Schutzhütte mit ihrer großzügigen offenen Feuerstelle – der wahrscheinlich schönste Grillplatz des Saarlandes.

ADRESSE: 66693 Mettlach, ➔ www.tourist-info.mettlach.de
TIPP: Die Überreste der alten Burg Montclair aus dem 15. Jh. wurden in den 1990er-Jahren restauriert. Zwischen Bäumen versteckt liegen sie auf dem schmalen Burgberg innerhalb der Flussschleife (➔ www.burg-montclair.de).

76 DIE SALINE
Reich an Hall – Bad Reichenhall

Überall sprudelt es, hinter jeder Ecke stehen Pumpen und Brunnen. Schon die Kelten wussten in vorchristlicher Zeit die Bad Reichenhaller Sole zu schätzen, bevor man im Mittelalter an den systematischen Salzabbau ging. Um minderwertige Solen nicht ins Süßwasser abzuleiten, wurde hier bereits 1532 ein künstlicher Ablauf installiert. Der gut zwei Kilometer lange Grabenbach führte das salzhaltige Wasser unter Bad Reichenhall hindurch, um es erst hinter der Stadt in den Saalbach zu entlassen. 1832 schließlich ließ Ludwig I. von Bayern jenes Salzbergwerk errichten, das noch heute zu besichtigen ist.

Hinter dem Maschinenraum mit seinen 13 m großen Wasserrädern taucht man ab in die unterirdischen Stollen und damit in die faszinierende Welt der Salzgewinnung. Abgelagert wurde das „Weiße Gold" hier, als sich vor Jahrmillionen das Meer aus der Region zurückzog. Spätere Auffaltungen der Gebirge sorgten für den Einschluss im Fels. Spült Regenwasser das Salz wieder aus dem Gestein heraus, spricht man von „auslaugen", und auf diese Art entstand auch der schönste Raum der Saline. Die Quellenbau-Grotte ist eine natürliche Höhle und misst bei einer mittleren Höhe von fünf Metern 280 qm.

Die reiche Marmorausstattung der Saline entspricht der Bedeutung, die das Salz für die Region bis heute hat. Dem flotierenden Salzhandel verdankt sich etwa die Gründung der Stadt München im 12. Jh., und heutzutage steckt die Sole genauso in der Gurgel-Lösung gegen Heiserkeit wie in der Nasenspülung zur Bekämpfung des Schnupfens. Ganz zu schweigen natürlich von den verschiedenen Bad Reichenhaller Markensalzen mit dem berühmten roten Schriftband, wie man sie in jedem deutschen Supermarkt findet.

Wer sich von der unverminderten Güte dieser Quellen überzeugen möchte, hat dazu im Rahmen einer Führung durch die Alte Saline der Stadt Gelegenheit. Der Schluck aus dem Probebecken sollte allerdings wohldosiert sein, denn Reichenhaller Sole verhält sich zu Meerwasser ungefähr so wie unfiltrierter Whiskey zu Eierlikör.

ADRESSE: 83435 Bad Reichenhall, Alte Saline 9, → *www.alte-saline-bad-reichenhall.de*
ÖFFNUNGSZEITEN: Mai–Okt. 10–11.30 u. 14–16, Nov.–April Di–Fr u. 1. So im Monat 14–16 Uhr **TIPP:** Ein weiteres Salzbergwerk findet man im benachbarten Berchtesgaden (→ *www.salzzeitreise.de*).

77 SANSSOUCI
Vom Rebenstrunk zur deutschen Knolle

„Im Übrigen will ich, was meine Person anbetrifft, in Sanssouci beigesetzt werden, ohne Prunk, ohne Pomp und bei Nacht", hatte er 1757 verfügt, der Alte Fritz. 1786 starb er dann, friedlich in seinem Arbeitssessel auf Schloss Sanssouci. Aber es sollte noch ganze 205 Jahre dauern, bis sein Wunsch tatsächlich erfüllt wurde. Erst am 17. August 1991 nämlich gelangten seine sterblichen Überreste unter jene schlichte Grabplatte, in jene Gruft, die er sich schon zu Lebzeiten hatte anlegen lassen. Wer heutzutage hier vorbeikommt, findet über dem geschwungenen Schriftzug „Friedrich der Große" immer auch ein paar Kartoffeln. Wieso? – Mit dem sogenannten „Kartoffelbefehl" von 1756 hatte er den Deutschen diese Knolle nahegebracht, die bald nicht mehr wegzudenken war aus der teutonischen Ernährung. Vor dem Erdapfel jedoch war der Rebenstrunk!

Denn der Park von Sanssouci entsprang zunächst einmal dem königlichen Wunsch nach einem Weinberg mitten in Brandenburg. Friedrich, als er noch einfach nur „der Zweite" hieß, hatte 1744 den Auftrag dafür erteilt. In der Folge entstand am „Wüsten Berg" ein kunstvoll angelegter, sechsfach terrassierter Weinberg. Um den Ertrag in diesen nicht gerade sonnenverwöhnten Gefilden zu erhöhen, ließen die Gärtner kleine gläserne Gewächshäuser in den Berg ein. Getoppt wurde er von einem ursprünglich eher bescheidenen Schlösschen.

Aber Sanssouci (frz. „ohne Sorge") wuchs und wuchs. Überall spürbar ist die modische Vorliebe für Exotik. Ging es um die Ausstattung eines repräsentativen Gartens, konnte es den Edelmännern des Barock und Rokoko nicht fernöstlich genug sein. Davon zeugt neben dem mit Gold überladenen Chinesischen Haus das im Pagodenstil errichtete Drachenhaus am nordwestlichen Ende des Parks. Sehnsucht nach der Ferne sollte sicherlich auch der die Ostpforte überragende Obelisk auslösen. Wer jedoch die Bestätigung dieser These in den Hieroglyphen des 1748 errichteten Steinpfeilers sucht, wird enttäuscht werden. So hübsch sie aussehen, haben sie doch lediglich dekorativen Charakter. Denn die Entzifferung der altägyptischen Schriftzeichen begann erst ein halbes Jahrhundert später.

ADRESSE: 14469 Potsdam, → *www.sanssouci.de*
ÖFFNUNGSZEITEN: April–Okt. Di–So 10–18, Nov.–März Di–So 10–17 Uhr **TIPP:** Auch kleine Anlagen, wie der Teepavillon, der Freundschaftstempel oder die Neptungrotte versprühen einen ganz eigenen Charme.

78 DIE SCHILLERHÖHE
Literarische Gedächtnisarbeit in Marbach

Friedrich Schillers Familie wuchs in einem kleinen Zimmer eines kleinen Häuschens auf. Heute ist hier ein Museum eingerichtet, das sich vor allem auf Schillers Eltern und die familiären Umstände konzentriert. Verlässt man jedoch die komplett mittelalterliche Marbacher Altstadt gen Süden, erreicht man binnen 15 Minuten einen Hügel hoch über dem Neckar. Auf der Schillerhöhe gruppieren sich um das Denkmal des Dichters drei der wichtigsten Institutionen der deutschen Literaturgeschichte. Im Schiller-Nationalmuseum begegnet man unter anderem seiner Mutter wieder, und zwar in Form eines Rezeptes, das sie dem Sohn einst zusandte: „Qütten Hüppen ohne Feuer und Eissen zu Machen." Überhaupt sind es diese privaten Schriftstücke und Hausutensilien, die den Reiz der Sammlung ausmachen. Hier liegen die Bücher aus, die man zu Schillers Zeiten las, und ebenso seine seidenen Kniestrümpfe, deren gewagte Längsstreifen um 1800 angeblich der letzte Schrei waren.

Gleich nebenan residiert in einem tempelartigen Neubau das Literaturmuseum der Moderne. Dessen Höhepunkt: Hunderte von Schreibproben, Korrespondenz- und Manuskriptauszügen vornehmlich deutscher Schriftsteller des 20. Jh. Wer durch diese schillernden Vitrinengänge wandelt, dem erschließt sich auch sofort die Bedeutung jenes dritten Gebäudes am Nordrand der Hügelkuppe. Das Deutsche Literaturarchiv Marbach (DLA) entstand 1955 ursprünglich als Erweiterung des Schiller-Nationalmuseums, wuchs aber bald schon weit darüber hinaus. Seit 1973 in einem eigenen Haus untergebracht, werden hier Schriftstellernachlässe und Verlagsarchive ab etwa 1750 aufgearbeitet. Allein die Hinterlassenschaft des vor allem in der deutschen Klassik einflussreichen Cotta-Verlags umfasst über 150 000 Originaldokumente. Der Öffentlichkeit zugänglich gemacht werden die Schriftstücke im Rahmen von Sonderausstellungen, aber auch in Form einer allgemein zugänglichen Präsenzbibliothek. Und wer dem heiligen Ernst einmal entfliehen möchte, dem sei ein Spielchen mit Hans Magnus Enzensbergers „Poesieautomat" im Literaturmuseum der Moderne empfohlen.

ADRESSE: 71672 Marbach, Schillerhöhe, ➔ www.schillerstadt-marbach.de
ÖFFNUNGSZEITEN: Literaturarchiv, Lesesäle: Mo–Fr 8.30–18 Uhr; Museen: Di–So 10–18 Uhr **TIPP:** Direkt hinter den Museen gelangt man zu „Johann Caspar Schillers Obstbaumgarten": historische Obstsorten, auf Angaben von Schillers Vater beruhend. Foto o./u.: Literaturmuseum der Moderne

79 DIE SCHWEBEBAHN
Der eiserne Drachen von Wuppertal

Der Waggon pendelt – wenn man ihn betritt und ebenso in jeder Kurve. Die ganze Konstruktion schwankt, diese 468 schräg aufeinander zu laufenden Stützen, die hier installiert wurden. Zumindest beim ersten Mal braucht es also schon ein wenig Mut, um mit der Wuppertaler Schwebebahn zu fahren.

19 200 t Stahl mussten verbaut werden, bevor die Strecke 1903 erstmals befahren werden konnte. Die Stadt Wuppertal war topografisch ausgesprochen geeignet für solch ein Projekt, hat sie sich doch linear entlang der Wupper entwickelt. Und so schwebt auch der „stahlharte Drachen", wie ihn die einheimische Dichterin Else Lasker-Schüler einst nannte, die meiste Zeit genau über dem Flussbett dahin. 13,3 km sind es von Oberbarmen über Elberfeld bis nach Vohwinkel, also von einem zum anderen Endpunkt. Nur für die letzten 2,7 km hinter der Station „Stadion am Zoo" verlässt die Bahn das Flussbett, um sodann mit bis zu 4 % Steigung das umliegende Bergische Land zu erforschen. Immerhin eine halbe Stunde dauert die abenteuerliche Fahrt in 12 m Höhe bei maximal 60 km/h. Und das Ganze gibt es für deutlich unter 3 Euro, ein Preis, bei dem keine Kirmes der Welt mithalten kann.

Lediglich einmal, im April 1999, kam es in Wuppertal zu einem Unfall mit Todesfolge, als ein Triebwagen aufgrund eines bautechnischen Versehens in die Wupper stürzte. Für harmlose Defekte hingegen ist vorgesorgt. Kommt ein Zug aus eigener Kraft nicht weiter, dockt der nächste hinten an und schiebt ihn ins Depot. Desweiteren können die Passagiere mithilfe einer speziellen Bergungsbrücke in eine entgegenkommende und parallel verharrende Bahn wechseln.

Die ab 1995 komplett renovierte Schwebebahn machte in ihren über 100 Jahren auch farblich einige Metamorphosen durch. Inzwischen kleidet sie sich wieder im sogenannten Kölner Brückengrün. Das besonders licht- und wetterbeständige Gemisch hatte 1929 der Kölner Oberbürgermeister und spätere Bundeskanzler Konrad Adenauer bei der Bayer AG für seine heimischen Rheinbrücken in Auftrag gegeben.

ADRESSE: Stadtwerke Wuppertal, 42281 Wuppertal, Bromberger Str. 39–41, ➜ *www.schwebebahn.de*
ÖFFNUNGSZEITEN: Die Schwebebahn verkehrt zwischen 5 (an Feiertagen: 7) und 23.30 Uhr. **TIPP:** Weitere deutsche Schwebebahnen findet man in Dortmund (zwischen Nord- und Südcampus der Universität), Dresden (zwischen Loschwitz und Oberloschwitz) und am Düsseldorfer Flughafen (der SkyTrain).

80 DAS SCHWERINER SCHLOSS
Terrakotta, Damast und kanadischer Vogelahorn

Während das Märchenschloss des bayrischen Ludwig isoliert auf steilem Berge ruht, überschreitet man für das ebenfalls sehr malerische Schweriner Palais eine Brücke. Liegt es doch mitten im Burgsee, einer kleinen Ausbuchtung des großen Schweriner Sees. Von Norden kommend stößt man dabei zunächst auf den Eingang zum Landtag von Mecklenburg-Vorpommern. Seine ganze Pracht entfaltet die Anlage jedoch zur Seeseite hin. Hier bewegt man sich im 1860 von Gartenmeister Theodor Klett angelegten Burggarten, der auf zwei Ebenen verläuft. Während die obere einige imposante Aussichten auf den gesamten Schlosskomplex ermöglicht, führt die untere zu den vielen verschiedenen Gebäudeteilen inmitten der Gartenkunst. So schließt direkt hinter der virtuos gestalteten Orangerie mit ihren Skulpturen und Weinlauben eine granitsteinerne Grotte an. Das künstliche Gewölbe mit direktem Seezugang beherbergt unter anderem mehrere Fledermausarten.

Wendet man sich schließlich der Schlossfassade zu, sticht als Erstes der braun-rot glänzende Farbkontrast zum vorherrschenden mattgelben Anstrich ins Auge. Hervorgerufen wird er durch die Auskleidung sämtlicher oberen Abschlüsse mit Terrakottaplatten. Das bereits Mitte des 16. Jh. integrierte Material wurde aus Lübeck importiert. Dort dienten solche Blenden traditionell zur Zierde und optischen Auflockerung von repräsentativen Backsteinhäusern.

Im Innern hingegen unterscheiden sich die gestaltenden Materialien des Schweriner Schlosses doch sehr wesentlich von solchen Bürgerhäusern des kaufmännischen Nordens. Das Schlossmuseum unterteilt sich in zwei Flügel, von denen einer die reich ausstaffierten Prunkräume der einstigen mecklenburgischen Herzöge beherbergt. Seit der Renovierung ab den 1990er-Jahren hängt hier wieder teils Damast an den Wänden, teils kanadischer Vogelahorn, während von der Decke der strahlend weiße Stuck leuchtet. Wer die Räume der im anderen Flügel beheimateten Porzellansammlung demgegenüber ein wenig zu schlicht findet, der sollte wissen: Das waren nur die Kinderzimmer.

ADRESSE: 19053 Schwerin, Lennéstraße 1, ➜ *www.museum-schwerin.de*
ÖFFNUNGSZEITEN: 15. April–14. Okt. tägl. 10–18, 15. Okt.–14. April Di–So 10–17 Uhr **TIPP:** Wer sich für Porzellan und dessen Historie interessiert, der sei auf Meißen (s. S. 122) und den Dresdner Zwinger (s. S. 216) hingewiesen.

81 DIE SPEICHERSTADT
Ein Freihafen für den Überseehandel

Die Hamburger Speicherstadt hält diverse Weltrekorde: Sie bildet den größten zusammenhängenden Lagerhauskomplex, der wiederum das umfassendste Reservoir an Orientteppichen beherbergt. Besonders beeindruckend ist darüber hinaus die Tatsache, dass nirgendwo sonst auf dem Globus ein derartig ausgedehntes Gebäudeensemble existiert, das komplett auf Eichenpfählen ruht. Rund 3,5 Mio. Bäume wurden gefällt und 12 m tief in das Flussbett gerammt, um die bis zu siebenstöckigen Häuser zu tragen. Und warum das Ganze? – Es ging um Geld! Weil Reichskanzler Bismarck Hamburg ins deutsche Zollgebiet zwang, entstand die Speicherstadt als sogenannter Freihafen. Bis zum Jahr 2004 wurde der gesamte Überseehandel zollfrei betrieben, inzwischen jedoch gilt dieses Privileg nur noch für die Teppichhändler.

Was hier ab 1885 aus dem Wasser gestampft wurde, war eine Stadt im braunroten Kleid der Backsteingotik. 20 000 Menschen waren dafür zwangsumgesiedelt worden, sie fanden u. a. in den schnell hochgezogenen Proletarierviertln von Barmbek und Hammerbrook eine neue Bleibe. Am neuen Freihafen hingegen zogen die Kaufleute ein, die dort Kontorflächen von ca. 630 000 qm vorfanden. Wer hier, wie nicht wenige, mit dem Handel von Gewürzen reich wurde, trug traditionell den leicht despektierlichen Stempel des hanseatischen „Pfeffersacks".

Die Speicherstadt ist, wie viele ehemalige Hafengebiete, im Wandel begriffen. Es stimmt ein wenig nostalgisch, wenn man hier anstelle von Kaufmännern und Arbeitern zunehmend Agenturangestellte antrifft. Die beliebteste Art der Erkundung geht per Boot vonstatten. Fleete nennt man im Norddeutschen jene Wasserstraßen zwischen den Häuserriegeln, die von den kleinen Ausflugsbarkassen befahren werden. Größere Bewegungsfreiheit genießt man jedoch zu Fuß, zumal sich auf diese Art auch die geografischen Zusammenhänge des Hamburger Hafens besser erschließen. So verbinden etwa mehrere kleine Brücken die Speicherstadt mit der sich direkt südlich anschließenden Hafencity und ihrem in der Entstehung begriffenen architektonischen Höhepunkt: der Elbphilharmonie.

ADRESSE: 20457 Hamburg, → *www.hamburg-tourism.de* **TIPP:** Die historischen Hintergründe des Reviers erschließen sich vor allem im Speicherstadt- und im Gewürzmuseum *(→ www.speicherstadtmuseum.de, → www.spicys.de).*

82 DAS SPIELKARTENMUSEUM
Altenburg und die Wiege des Skat

Skat ist ein Spiel, das vor rund 200 Jahren im heute thüringischen Altenburg erfunden wurde und das fast ausschließlich von Deutschen gespielt wird. Der Legende nach war es der Herzoglich Sachsen-Altenburgische Hofadvokat Friedrich Ferdinand Hempel, dem das übliche Kartenspiel in vertrauter Runde irgendwann zu langweilig wurde. Er werde es verbessern, habe er angekündigt, auf dass es „was zu rathen" gebe. Einer Eingebung folgend habe er den Packen sodann neu verteilt, nun jedoch nur an drei statt vier Mitspieler. Die beiden übriggebliebenen Karten seien als „Stock" in die Mitte gewandert. Und nach diesem wurde das Spiel dann auch benannt, denn „Skat" kommt von Italienisch „scatare" = weglegen.

Die Wirklichkeit sieht vermutlich profaner aus, auch der genialste Erfinder bedient sich aus der Vergangenheit. Die Skatregeln entwickelten sich mit Beginn des 19. Jh. erst allmählich aus verschiedenen Vorläuferspielen. So kannte man den Skat-Stock schon aus dem italienischen Tarock, das Reizen aus dem spanischen L'hombre. Das im Süddeutschen beheimatete Solo steuerte das deutsche 32-Karten-Blatt bei, und die Sonderstellung der Wenzel (Unter, Buben, Bauern, Jungs) kupferte man aus dem im Süden und Osten verbreiteten Schafskopf ab. Aber wie dem auch sei: Das neue Spiel trat einen Siegeszug sondergleichen an und entwickelte sich binnen weniger Jahrzehnte zu einer nationalen Spezialität.

Während Skat heutzutage von Computerspielen verdrängt wird, bildete er noch bis in die 1970er-Jahre eine weitverbreitete Form der deutschen Freizeitgestaltung. Zumindest unter Männern. Wer keinen „zünftigen Skat dreschen" konnte, hatte es schwer im Kumpel-, Kollegen- und Kneipenkreis. Skatspiele lagen wie selbstverständlich im Tornister von Ersten-Weltkrieg-Soldaten, die Bilder verunglimpften als Propagandamaterial die alliierten Führer des Zweiten Weltkriegs. Und später erzählten sie Häschenwitze oder bildeten leicht bekleidete Damen ab, mit anderen Worten: Die Geschichte des Skat und seiner Karten verlief parallel zur Geschichte Deutschlands der letzten 200 Jahre. Und genau diese erstaunliche Erkenntnis vertieft ein Besuch des Altenburger Spielkartenmuseums.

ADRESSE: 04600 Altenburg, Schloss 2–4, ➜ *www.altenburg.eu*
ÖFFNUNGSZEITEN: Di–So 9.30–17 Uhr **TIPP:** Am Brühl in Altenburg steht der Skat-Brunnen: Vier Wenzel streiten sich um die Vorherrschaft. Wer hier seine Karten weiht, der hat fortan Glück im Spiel. Ein weiteres Spielkartenmuseum findet man in Leinfelden-Echterdingen bei Stuttgart (➜ *www.spielkartenmuseum.de*).

83 DER SPREEWALD
Sorben im Sumpfgebiet

Auf Sorbisch heißt der Spreewald Blota. Das bedeutet so viel wie Sumpf und trifft den Nagel auf den Kopf. Hunderte von Wasseradern durchziehen diese einzigartige Landschaft, manche von ihnen natürlichen Ursprungs, manche angelegt als Kanal. Als der slawische Stamm der Sorben hier im 8. und 9. Jh. einwanderte, fand er nicht gerade das Paradies auf Erden vor. Was heute Biosphärenreservat heißt, war früher vor allem ein ausgedehntes Moorgebiet. Und wer hier ein Heim errichten wollte, musste zunächst solide Pfähle in den morastigen Boden rammen.

Ein charakteristisches Beispiel für die ganz eigenen Lebensumstände der Region gibt das zentral gelegene Dörfchen Leipe. Nur fünf Kilometer entfernt liegt es vom westlichen Nachbarort Lehde, aber wer dort trockenen Fußes hingelangen möchte, muss einen Umweg von über 30 km in Kauf nehmen. Es sei denn, er verfügt über ein Boot. Denn Leipe liegt auf einer 800 x 400 m großen Sandbank und ist komplett von Wasserläufen umgeben. Selbst die schmale Straße gen Burg und Vetschau, die das Dorf heute östlich erschließt, existiert erst seit 1969.

Einen sehr anschaulichen Begriff vom traditionellen Alltag der Bewohner bekommt man im Lehder Spreewald-Museum. Historische Bauernhäuser samt Möbeln, Haushaltsgegenständen und Trachten vermitteln ein realistisches Bild der Vergangenheit. Und in der Kahnbauerei von 1884 nähert sich der Besucher jenen Gefährten, in denen er heute durch die Auenwälder stakt.

Schon die frühen Sorben wussten, dass der schwarze Boden des Spreewaldes ideal ist für den Anbau von Gemüse aller Art. Die heute so berühmte Spreewaldgurke jedoch geht auf das Konto holländischer Kaufleute. Diese Tuchmacher des 16. Jh. wurden hier zwar nicht ihren Zwirn los, dafür schlug jedoch der mitgebrachte Gurkensamen ein. Wie sich die Geschichte entwickelte, ist bekannt: Das so saftige wie würzige Grüngemüse wurde zu einem der wenigen Produkte, die den DDR-Kollaps weitgehend unbeschadet überstanden. Und „Spreewälder Gurken" mutierte zu einem EU-weit geschützten Markennamen.

ADRESSE: Lehde wie Leipe gehören zu 03222 Lübbenau, → *www.spreewald.de*
ÖFFNUNGSZEITEN: Spreewaldmuseum Lehde: 1. April–15. Sept. 10–18, 16. Sept.–31. Okt. 10–17 Uhr **TIPP:** Alternativ zur Kahntour lässt sich der ebene Spreewald auch per Fahrrad erschließen.

84 STAMMHEIM UND ZUFFENHAUSEN
... oder: Die RAF und der Porsche

Am frühen Morgen des 1. Juni 1972 stoppte vor einem Frankfurter Wohnhaus ein auberginefarben umgespritzter Porsche 911 Targa. Die Aussteigenden werden schon von schwerbewaffneten Polizisten erwartet. Während einer der drei Männer sofort überwältigt wird, verschanzen sich die beiden anderen in einer Garage. Der Sprengstoff, den sie dort horten, ist längst gegen Knochenmehl ausgetauscht worden. Obwohl die beiden das nicht wissen, rauchen sie und feuern aus ihren Waffen. Tränengasgranaten und der Oberschenkeltreffer eines Scharfschützen geben dem Anführer schließlich den Rest. Andreas Baader, Holger Meins und Jan-Carl Raspe, führende Köpfe der terroristischen Rote Armee Fraktion (RAF), werden abgeführt. Der Porsche findet irgendwann den Weg zurück zu seinem Besitzer.

Andreas Baader, der immer dandyhaft auftretende Guerillero, war zeitlebens vernarrt in Porsches. Er stahl sie, ließ sie sich stehlen oder fuhr sie zu Schrott. Eine zufällige Koinzidenz brachte ihn nach der Festnahme schließlich für den Rest seines Lebens ganz in die Nähe seines Fetischs. Denn als am 21. Mai 1975 der Prozess gegen die RAF-Spitze eröffnet wurde, fand dieser in einer eigens dafür gebauten Halle auf dem Gelände der Justizvollzugsanstalt Stammheim statt. Im dortigen 7. Stock saßen die Gefangenen für den Rest ihres Lebens ein. Stammheim wiederum grenzt gen Süden an den Stadtteil Zuffenhausen, und wer ist dort beheimatet? – Der Porsche-Konzern.

Stuttgart-Stammheim, das war über Jahre ein Synonym für die Haftanstalt der RAF-Terroristen, einhergehend mit der Angst vor dem Überwachungsstaat. Heutzutage existiert hier kein politischer „Hochsicherheitstrakt" mehr, dieses Kapitel endete mit den Toten des „Deutschen Herbstes" 1977. Der Nachbarort mit seinem Aushängeschild Porsche hingegen steht wie eh und je für so ziemlich das Gegenteil von Gefängnis-Atmosphäre: für Luxus, Freiheit und Mobilität. Knapp drei Kilometer fährt man vom Knast zu den Karossen. Das 2009 eröffnete Porsche-Museum präsentiert rund 80 verschiedene Fahrzeuge der Werksgeschichte, manche davon in waghalsigem Design. Auberginefarben ist allerdings keines.

ADRESSE: JVA: 70439 Stuttgart-Stammheim, Asperger Straße 60, ➜ *www.jva-stuttgart.de*, Porsche-Museum: 70435 Stuttgart-Zuffenhausen, Porscheplatz 1, ➜ *www.porsche.de* **ÖFFNUNGSZEITEN:** Museum: Di–So 9–18 Uhr **TIPP:** Sehenswert auch das Mercedes-Benz-Museum im Stadtteil Untertürkheim (➜ *www.mercedes-benz-classic.com*).

85 DIE STEINERNE BRÜCKE
Bruckmandl und Donaustrudel

Im ersten Moment scheint dies ein Allerweltsname zu sein: Steinerne Brücke. Ja, ist sie denn so unscheinbar, dass sie nicht einmal einen eigenen Titel verdient, könnte man fragen. Aber weit gefehlt!

Die Betonung sollte man bei diesem Regensburger Wahrzeichen auf „steinerne" legen. Denn als sie 1135–46 errichtet wurde, war dieses Material für Brückenbauten noch längst keine Selbstverständlichkeit. Die Steinere Brücke von Regensburg gilt heutzutage als die älteste ihrer Art in Deutschland, zumal sie auch vor Zerstörung und Umbauten weitgehend verschont blieb. Kaiser und Könige zogen über ihren wohlgeformten Buckel in die Stadt ein, um sich zum Immerwährenden Reichstag einzufinden, der hier im Rathaus ab 1663 stattfand. Über 800 Jahre lang bildete die Steinerne den einzigen Donauübergang der Stadt, und ihre Konstruktionsweise wurde zum Vorbild für zahlreiche spätere Steinbrücken in ganz Europa.

Sofort ins Auge fallen die mandelförmigen, ein wenig auch an Pantoffeln erinnernden Inseln, auf denen die Brücke ruht. 1687 noch einmal verbreitert, verengen sie den Flussraum beträchtlich. Und wo das Wasser wieder zusammenrinnt, entsteht der bekannte Regensburger Donaustrudel. Vor allem dieser war dafür verantwortlich, dass stromaufwärts fahrende Schiffe hier getreidelt werden mussten.

Das eindrücklichste Bild dieses Viadukts macht man sich auf einem Spaziergang entlang dem mauerlosen Kai der Donau. Grob verlegte Bruchsteine harmonieren mit der ebenfalls durchweg steinernen Unterseite der Brücke. Aus demselben Material besteht zudem der kleine Kerl, der auf der westlichen Brüstung hockt. Das sogenannte „Bruckmandl" stammt ursprünglich aus dem Jahr 1446, die heutige Ausführung allerdings von 1854. Nach manchen Interpretationen stellt es den Brückenbaumeister dar. Er hatte angeblich mit dem Teufel paktiert, um sein Werk früher zu vollenden als der Dombaumeister. Die Seelen der ersten drei Brückengänger habe der Pferdefüßige dafür verlangt. Der Brückenbaumeister, clever genug, hatte zur Premiere einen Hahn, ein Huhn und einen Hund darübergejagt. Und Luzifer fuhr, fuchsteufelswild, zur Hölle.

ADRESSE: 93047 Regensburg, Steinerne Brücke, → *www.regensburg.de* **TIPP:** Direkt unterhalb der ältesten Steinbrücke steht Deutschlands älteste Fast-Food-Braterei. Die historische Wurstkuchl nahm ihre Arbeit nach Fertigstellung der Brücke 1146 im ehemaligen Baubüro auf.

86 DER TEUTOBURGER WALD
Hermann und die Varusschlacht

Deutschland als einheitlicher Staat ist ein Produkt mehrerer Kriege des 19. Jh. Nach siegreichen Streitzügen gegen Dänemark (1864) und Österreich (1866) brachte der Deutsch-Französische Krieg von 1870/71 das Deutsche Reich hervor. Entstanden war ein monarchistisches Staatsgebilde unter preußischer Führung.

Jahrhundertelang waren diese deutschen Lande berühmt gewesen für ihre Kleinstaaterei. Alle Nase lang führte eine Deutschlandreise in immer wieder neue Duodez-Fürstentümer mit eigenen Gesetzen, Münzen und Maßen. Die geografische Zersplitterung verantwortete einen nationalen Minderwertigkeitskomplex, der zuweilen als übler Chauvinismus an die Oberfläche brach. Kein Wunder, dass auf solchem Boden Sagen wie die vom Kyffhäuser und dem Kaiser Barbarossa sprießten (s. S. 106). Und kein Wunder, dass man hier auch 2 000 Jahre später noch eine Schlacht feiert, von der kaum etwas historisch Verbrieftes überliefert ist.

Auch über den Cherusker Arminius/Hermann ist nicht wirklich viel bekannt. Er diente viele Jahre den Römern, bevor er sich 9 n. Chr. zum Aufstand entschloss. Drei Legionen des römischen Feldherrn Varus wurden völlig aufgerieben, die Niederlage sollte von historischer Dimension sein. Zum einen stoppte sie die Expansion des Römischen Reiches über Rhein und Weser hinweg nach Osten. Und zum anderen markierte sie die Geburt eines ersten deutschen „Nationalhelden", den der Geschichtsschreiber Tacitus bald darauf als „Befreier Germaniens" titulieren sollte.

Hermanns pompöses Denkmal im Teutoburger Wald zeigt den teutonischen Streiter mit erhobenem Schwert, geflügeltem Helm und keckem Hüftschwung. Sämtliche Inschriften des 1875 vollendeten Steinwerks strotzen von antifranzösischen Ressentiments, die dem Zeitgeist und insbesondere dem Geist des erznationalistischen Erbauers Ernst von Bandel entsprachen. Ob die legendäre Schlacht wirklich hier bei Detmold vonstattenging; und ob der deutsche Held vom 386 m hohen Teutberg aus wirklich auf das einstige Schlachtfeld heruntersieht: Niemand weiß es. Aber einen guten Beobachterposten hätte er hier auf jeden Fall gehabt.

ADRESSE: 32760 Detmold-Hiddesen, → www.hermannsdenkmal.de
ÖFFNUNGSZEITEN: März–Okt. 9–18, Nov.–Feb. 9.30–16 Uhr **TIPP:** Auf Zeugen einer deutlich älteren Zeit stößt man mit den 70 Mio. Jahre alten Extern-Steinen etwa 10 km südöstlich des Hermannsdenkmals bei Holzhausen (→ www.externsteine.de).

87 DIE VENUS VOM HOHLE FELS
Die älteste Menschendarstellung der Welt

Ein winziges Figürchen von nur sechs Zentimeter Höhe ist das! Die Beine enden irgendwo bei den Knien, eine rundliche Öse ersetzt den Kopf. Grob sind die großen Brüste herausgearbeitet, und der vom Hinterteil bis zum Bauchnabel durchgehende Spalt wirkt eher brutal als obszön. Aber trotz aller offensichtlichen Primitivität der Fertigung trägt die Venus deutliche Spuren von Kunstwillen: Eingekerbte Parallel- und Rundmuster bedecken wie Tätowierungen den gesamten Körper. Das Mammut, zu dessen Stoßzähnen er einst gehörte, ist wahrlich nicht umsonst gestorben.

Urzeitliche Venusfiguren fanden sich in aller Welt schon einige. Aber keine von ihnen reicht so weit zurück. Mit geschätzten 35–40 000 Jahren gilt die Venus vom Hohle Fels als die bis dato älteste Darstellung eines Menschen in der Geschichte dieser Spezies. Gefunden wurde sie zwischen Blaubeuren und Schelklingen am Südrand der Schwäbischen Alb, wo sich entlang der Ach, Blau und Lone eine Höhle an die nächste reiht. Seit den 1970er-Jahren wird hier gebuddelt, und vor allem der Hohle Fels animiert die normalerweise bei der Arbeit knienden Archäologen immer wieder zu freudigen Luftsprüngen. Weil die Täler sehr weit und grün sind, weil sich in den Hängen Steinböcke und anderes Wild herumtrieb, verbrachten die alten Jäger und Sammler hier gerne den Winter. Ihre derzeit ältesten gefundenen Überbleibsel werden auf über 50 000 Jahre geschätzt. Und irgendwann begannen sie, kunstvolle Abbilder ihrer selbst zu schaffen.

Die Venus vom Hohle Fels wird noch für einige Zeit auf Tournee sein, bevor sie womöglich dauerhaft in Blaubeuren bleibt. Aber auch ohne sie ist das dortige Urgeschichtliche Museum exquisit bestückt mit vorzeitlichen Originalfunden, die sämtlich aus den Höhlen der Schwäbischen Alb stammen. Besonders reizvoll: Rekonstruktionen von Flöten aus Mammutelfenbein und Gänsegeierknochen, mithin die ältesten Musikinstrumente der Menschheit, die in einem eigenen Klangraum auch akustisch präsentiert werden. Vielleicht hat auch die Venus vom Hohle Fels einst, am Hals eines steinzeitlichen Musikers baumelnd, zu diesen geheimnisvollen Tönen getanzt.

ADRESSE: Urgeschichtliches Museum: 89143 Blaubeuren, Karlstraße 21, ➔ *www.urmu.de*; Hohle Fels: zwischen Blaubeuren und Schelklingen, Parkplatz östlich der Straße **ÖFFNUNGSZEITEN:** Museum: 15. März–Okt. Di–So 11–17, Nov.–14. März Di u. Sa 14–17, So 11–17 Uhr; Hohle Fels: Führungen Mai–Okt. So 14–17 Uhr und nach Vereinbarung: 07394/595 **TIPP:** Verschiedene mit dem Mammutsignet versehene Wanderwege erschließen die Höhlen um Blaubeuren (s. Homepage des Museums).

88 DER VIKTUALIENMARKT
Manukahonig und Schweinshaxen

Auf dem Münchner Viktualienmarkt bekommt man, je nach Jahreszeit, portugiesischen Muskatkürbis, Beaufortkäse aus den Savoyen, Olivenöl von der Insel Kreta, Costa-Rica-Ananas und Manukahonig aus Neuseeland. Aber natürlich auch: bayrische Brezeln, Weißwürste und Schweinshaxen. Der kulinarische Mix aus regionalen und globalen Spezialitäten ist längst zu einem Aushängeschild der Stadt geworden. Der Viktualienmarkt steht in jedem München-Reiseführer, nirgendwo sonst in Deutschland wurden Lebensmittelstände zu einer internationalen Berühmtheit.

Die Marktgeschichte dieses Ortes begann mit dem Umzug vom zu klein gewordenen Marienplatz im Jahr 1807. Auf dem Gelände des Heiliggeistspitals entstand zunächst ein bescheidener „Kräutlmarkt". Der leicht aufschneiderisch klingende Vorsatz „Viktualien-" war hier nicht von alters her in aller Munde. „Victus" ist Latein und bedeutet schlicht „Lebensmittel" oder „Vorrat". Die Latinisierung verdankt sich lediglich einer modischen Schrulle des 19. Jh. Und auch der Ruf als Feinschmeckerbasar bildete sich erst in der Nachkriegszeit heraus. Nach massiven Bomben- und Brandschäden war seinerzeit sogar diskutiert worden, den Platz für Wohnbauten zu opfern. Aber das aufkommende Wirtschaftswunder brachte neuen Schwung in die Sache.

Heutzutage werden hier auf rund 22 000 qm Fisch, Fleisch, Obst, Gemüse, Spirituosen und sonstige Spezereien angeboten. Das besondere Flair hängt dabei nicht nur mit der Qualität, sondern auch mit der Präsentation der Ware zusammen. In München haben die Händler seit 1870 ihren festen Stand, ein eigenes kleines Häuschen also. 100 Jahre später wurden die „Standl" aus Anlass der Olympischen Spiele in München dann noch einmal grundsaniert.

Marktleute mit ähnlichen Produkten sind hier eng beieinander gruppiert, an jeder Ecke liegt deshalb ein anderer, verlockender Duft in der Luft. Man soll nicht mit leerem Magen einkaufen gehen, weiß der Volksmund. Über den Viktualienmarkt spaziert man aber auch nicht mit vollem Bauch, um die ein oder andere Leckerei erstehen zu können.

ADRESSE: 80331 München, Viktualienmarkt, → www.viktualienmarkt.de **ÖFFNUNGSZEITEN:** Mo–Fr 8–18, Sa 7.30–16 Uhr **TIPP:** Wem die Brunnenfiguren auf dem Viktualienmarkt bekannt vorkommen: Sie stellen u. a. Karl Valentin und Liesl Karlstadt dar. Gourmetmäßig verträgt sich ein Gang über den Viktualienmarkt sehr gut mit einem anschließenden Brauhausbesuch.

89 DIE VILLA HÜGEL
Hart wie Kruppstahl – das war einmal

Hochherrschaftliche Anwesen erfolgreicher Unternehmer gibt es viele in Deutschland. Aber kaum eines strahlt eine solche Symbolkraft aus wie die Essener Villa Hügel. Vier Generationen von Stahlindustriellen verbrachten im Hügel-Park ihr familiäres Leben. Hier wurden deutsche Politiker und ausländische Staatsgäste empfangen, hier wurde die Geschichte Deutschlands und sogar der Welt mitgeschrieben – und dies bekanntermaßen nicht nur zum Segen der Menschheit.

Die Besichtigung des Geländes beginnt man am besten im „Kleinen Haus", dem linken Seitenflügel des Gebäudekomplexes. Das dortige Museum informiert über die Familiengeschichte der Krupps und die Historie ihres Konzerns. Hinlänglich wird dort auch auf die Verstrickungen in die Geschäfte der Nationalsozialisten eingegangen. Alfred Krupp von Bohlen und Halbach (1907–67), ab 1938 im Vorstand und ab 1943 Chef der Firma, kooperierte mit Hitler, profitierte von dessen Rüstungsproduktion und setzte während des Krieges in seinen Fabriken auch Zwangsarbeiter ein.

Die Villa Hügel, erbaut 1870–73, verfügt über 269 Räume, die sich auf 8 100 qm Wohn- und Nutzfläche verteilen. Mit der riesigen Eingangshalle betritt man ein Reich aus Edelhölzern, Wandteppichen und Stilmöbeln. Ganze Eichenwälder, so der Eindruck, wurden hier zu Treppenhäusern, Säulen, Schnitzwerken und Kassettendecken verarbeitet. Natürlich kommen dem Besucher hier früher oder später die ärmlichen, engen und stickigen Wohnungen in den Sinn, in denen die Arbeiter der Krupps vor allem in der Frühphase der Industrialisierung gehaust haben. Aber jenseits dessen muss auch konzediert werden, dass diese Innenarchitektur nicht lediglich protzig auftritt, sondern durchaus von Geschmack ist. Herausragend etwa die mehrmals umgebaute Obere Halle mit ihrem gewölbten Lichtdach oder der mit kulinarischen Großgemälden geschmückte Speisesaal der Familie. Diniert wird hier allerdings schon lange nicht mehr. Nach der Rückgabe des beschlagnahmten Besitzes durch die Alliierten 1952 beschloss die Familie, die Villa Hügel fortan der Allgemeinheit zu öffnen. Schon ein Jahr später startete hier die erste Kunstausstellung.

ADRESSE: 45133 Essen, Hügel 15, → www.villahuegel.de **ÖFFNUNGSZEITEN:** Villa Hügel: Di–So 10–18 Uhr, Hügel-Park: Mo–So 8–20 Uhr **TIPP:** Einen Eindruck der Industriekultur im Ruhrgebiet, wie die Krupps sie prägten, bekommt man beim Besuch der ehemaligen Essener Zeche Zollverein (s. S. 210).

90 DIE VÖLKLINGER HÜTTE
Ein endzeitliches Labyrinth aus Stahl und Beton

Seltsam ineinander verschlungen wirken all diese rostigen Kolosse, wie im Todeskampf erstarrt. So manche Konstellation erinnert an gigantische Kathedralen, an Monumentalbühnen, auf denen Godzilla gegen einen Tyrannosaurus Rex antritt. Zugleich schaurig und unüberschaubar mutet dieses Werk für den laienhaften Betrachter an, und doch bleibt ihm stets bewusst: Jede einzelne dieser Millionen Schrauben, jedes der unzähligen Rädchen und sonstigen Aggregate hatte einst eine Funktion im Produktionsprozess und wurde von einem Menschen bedient. Auch wer nie hier gearbeitet hat, kann die Wehmut der ehemaligen Werksangehörigen nachempfinden. Denn die Völklinger Hütte ist Vergangenheit.

Mancher Malocher hat sein komplettes Arbeitsleben in der Völklinger Hütte zugebracht, vom 14-jährigen Handlanger bis zum altgedienten Kämpen. Über hundert Jahre wurden hier Stahl, Roheisen und Koks produziert, doch auf den Boom der Nachkriegszeit folgte in den 1970er-Jahren die weltweite Stahlkrise. 1986 setzte man den letzten Abstich, am nächsten Tag verloren Tausende von Arbeitern ihren Job. Ein Abtragen des riesigen Geländes wäre der Stadt, der abgewirtschafteten Region, teuer zu stehen gekommen, aber schon 1994 wird der Ausweg gefunden: Die UNESCO nimmt das gesamte Areal in ihr Welterbe auf.

Das Industriemuseum, das hier seither entstanden ist, sucht seinesgleichen. Allein der markierte Rundweg zu den sieben verschiedenen Stationen erstreckt sich über mehr als sechs Kilometer. An jeder Ecke jedoch hat der Besucher die Möglichkeit, nach rechts oder links vom Weg abzuweichen, um ein zugewachsenes Gleis, eine rostige Luke oder einen stillgelegten Hängebahnwagen zu begutachten. Und auch nach oben hin kann man sich in diesem Labyrinth aus Stahl und Beton in alle möglichen düster-rostigen Winkel verlaufen. Beinahe fühlt man sich wie in einem Mad-Max-Film, wenn man etwa die in schwindelerregenden 45 m Höhe gelegene Aussichtsplattform über der Gichtbühne erklommen hat. Dort oben herrscht zwar Helmpflicht, aber man sagt sich: Hut ab vor jenen Menschen, die hier gearbeitet haben.

ADRESSE: 66333 Völklingen, Rathausstraße 75–79, ➔ *www.voelklinger-huette.org* **ÖFFNUNGSZEITEN:** April–Okt. 10–19, Nov.–März 10–18 Uhr **TIPP:** Dem Lauf der Saar gen Nordwesten folgend, gelangt man aus der Industriekulisse zum Naturschauspiel der Saarschleife (s. S. 164).

91 DIE WALHALLA
Ein Teutonentempel hoch über der Donau

Die alten Griechen waren nie in Regensburg, aber wenn man ein bisschen donauabwärts spaziert, könnte man es meinen. Steht dort doch, hoch im Hang, ein klassisch-hellenistischer Tempel.

Sowohl die Grundsteinlegung 1830 als auch die Einweihung zwölf Jahre später erfolgte an einem 18. Oktober. Nicht von ungefähr, denn an diesem Tag wurde im Jahr 1813 die Völkerschlacht bei Leipzig entschieden. Die Zeit Napoleons war abgelaufen, und in Deutschland kompensierte man die zuvor erlittene Schmach unter anderem durch Bauten wie die Walhalla.

In der nordischen Mythologie ist Walhall der Ort der toten germanischen Helden. Schon der Erbauer, Ludwig I. von Bayern, hatte den Kreis der potenziellen Mitglieder für seine Zeit recht weit gefasst: „Kein Stand nicht, auch das weibliche Geschlecht nicht, ist ausgeschlossen." Und so gelangten dann bei der Eröffnung zunächst einmal 160 Büsten und Gedenktafeln in die deutsche Ruhmeshalle, darunter die von Wissenschaftlern, Künstlern, Königen und Kriegsherren.

Lange hatte man in Bayern nach einem geeigneten Ort Ausschau gehalten. Vom Bräuberg aus sieht man bei klarem Wetter von Regensburg bis nach Straubing und hinüber zu den ersten Bergspitzen des Bayrischen Waldes. Wo sich heute die steile Freitreppe den Hang hochzieht, sollte ursprünglich eine „Halle der Erwartung" realisiert werden. Dort wollte man die Büsten noch lebender Helden bis zu deren Hinscheiden zwischenlagern. Stattdessen gilt nun, dass der Geehrte mindestens 20 Jahre tot (und „teutscher Zunge"!) sein muss, um vorgeschlagen werden zu können. Sofern der Antragsteller die Kosten für die Büste trägt und der bayrische Ministerrat zustimmt, könnte hier also auch Lieschen Müller Eingang finden.

Aber ganz so einfach ist es natürlich nicht. Der Teutonentempel wird nur alle paar Jahre um weitere Büsten ergänzt, und viel Platz ist hier eh nicht mehr. Nach Sophie Scholl (2003), Carl Friedrich Gauss (2007) und Edith Stein (2009) erwischte es zuletzt einen, der sich zu Lebzeiten wegen des Fehlens von Martin Luther über den „Wallhall-Wisch" mokiert hatte: Heinrich Heine.

ADRESSE: 93093 Donaustauf, Walhallastraße 48, → *www.walhalla-regensburg.de*
ÖFFNUNGSZEITEN: April–Sept. 9–17.45, Okt. 9–16.45, Nov.–März 10–11.45 u. 13–15.45 Uhr **TIPP:** Einige jener vergessenen Könige der Walhalla werden über die Steinerne Brücke zum Regensburger Reichstag geritten sein (s. S. 184).

92 DIE WARTBURG
Walther, Martin und die Studenten

Ein Ofen, ein abgewetzter Schreibtisch, davor ein mittelalterlicher Drehstuhl: Hier saß im Jahr 1521 der geächtete und gebannte Flüchtling Martin Luther und übersetzte die Bibel. 18 andere Experten hatten sich bereits vor ihm an einer Übertragung ins Deutsche versucht, aber was dort oben auf der Wartburg entstand, war sensationell neu. Indem er „dem Volk aufs Maul" schaute, ermöglichte er diesem nicht nur endlich einen eigenen Zugang zur Bibel, sondern ebnete zugleich auch den Weg für eine einheitliche deutsche Schriftsprache.

Eine gemeinsame Rechtschreibung wäre womöglich auch jenen Besuchern zupass gekommen, die gut 300 Jahre vor Luther auf der Burg weilten. Im Jahr 1206, so will es zumindest die Legende, traf sich hier die Elite des mittelalterlichen Schlagers. Der berühmte Sängerwettstreit auf der Wartburg glich wohl in mancher Hinsicht einer nationalen Vorentscheidung zum Eurovision Song Contest. Allerdings wurde er mit deutlich härteren Bandagen ausgetragen – hier rollten keine La-Ola-Wellen, sondern Köpfe. Beinahe jedenfalls. Während Stars wie Walther von der Vogelweide und Wolfram von Eschenbach den anwesenden Landgrafen in ihren Liedern über den grünen Klee lobten, pries Heinrich von Ofterdingen stur seinen heimatlichen Herzog. Und wurde dafür prompt mit dem Tode bestraft, vor dem ihn nur das mitleidige Herz der Landesherrin rettete.

Um Deutschland und seine Einheit ging es schließlich auch beim dritten epochemachenden Ereignis auf der Wartburg. Rund 500 Burschenschaftler versammelten sich hier am 18. Oktober 1817, um einen deutschen Nationalstaat zu fordern. Dass sie mit einer Zunge sprachen, verdankten sie nicht nur ihrem kollektiven Anliegen, sondern nicht zuletzt jenem Reformator, der einst in der kargen Vorburg inkognito, geächtet und gebannt über einem altgriechischen Text gegrübelt hatte. Wie die mittelalterlichen Dichter schmiedete er Vers an Vers und bereicherte das Deutsche bei seiner Übertragung en passant um so schöne Wortschöpfungen wie den „Sündenbock" und die „Muttersprache", das „Machtwort" und – nicht zuletzt – die „Herzenslust".

ADRESSE: 99817 Eisenach, Auf der Wartburg 1, → *www.wartburg-eisenach.de*
ÖFFNUNGSZEITEN: April–Okt. 8.30–17, Nov.–März 9–15.30 Uhr, jeweils nur im Rahmen von Führungen **TIPP:** Gegenüber auf der Göpelskuppe steht das monumentale Burschenschaftsdenkmal, errichtet 1902.

93 WEIMAR
Fürstliche Toleranz, verschwenderischer Glanz

Goethe-Haus, Schiller-Haus und Goethe-Schiller-Denkmal, Herder-Kirche, Nietzsche-Archiv und Bauhaus-Museum, Anna-Amalia-Bibliothek, Wittumspalais und Deutsches Nationaltheater – die Auflistung hat gerade erst begonnen und könnte bis zum Ende der Seite fortgeführt werden. Denn schließlich steckt kein zweiter Ort in Deutschland dermaßen voller Kulturgeschichte wie Weimar.

Dabei war diese Stadt an der Ilm auch zu Zeiten der deutschen Klassik keineswegs groß. Gerade einmal 6 000 Menschen sollen dort Ende des 18., Anfang des 19. Jh. gewohnt haben. Weimars Aufstieg zum geistigen Zentrum hängt auf das Engste mit der Herzogin Anna Amalia und ihrem Sohn Carl August zusammen. Im Vergleich zu anderen deutschen Fürsten kamen die Thüringer recht aufgeklärt und tolerant daher, sodass selbst der andernorts politisch verfolgte Friedrich Schiller hier Aufnahme fand. Ab 1799 und bis zu seinem Tod 1805 bildete er gemeinsam mit Goethe das wohl berühmteste Intendantenpaar, das je ein Theater geleitet hat. Und bereits 1857 wurde auf dem Theaterplatz Weimars erstes Wahrzeichen, das Goethe-Schiller-Denkmal eingeweiht. Das Doppelstandbild präsentiert die Dichterfürsten mit Eichenstamm und Lorbeerkranz.

Manchmal wundert man sich angesichts der kulturellen Überfülle, dass hier in Weimar auch ein Alltagsleben Platz hat. Gerade noch hat man die Rokokopracht der Anna-Amalia-Bibliothek bewundert, da schlendert man über einen Wochenmarkt mit Gurken und Tomaten. Über den Theaterplatz weht der essigsaure Geruch von Fast-Food-Buden, und aus dem berühmten Hotel Elefant torkelt frühmorgens ein Betrunkener. Aber je länger man sich hier herumtreibt, desto kleiner wird der vermeintliche Kontrast. Denn natürlich wurde hier auch zu Zeiten Goethes gegessen und gezecht – und sicherlich nicht zu knapp. Und vom Herrn Geheimrat stammt auch das aufschlussreichste Zitat zu der Frage, wie es wohl einst zugegangen sei: „Es lebten bedeutende Menschen hier, die sich nicht miteinander vertrugen. Das war das Belebendste aller Verhältnisse, regte an und erhielt jedem seine Freiheit."

ADRESSE: Tourist-Information: 99423 Weimar, Markt 10, → *www.weimar.de*
TIPP: Immer lohnend und fernab des innerstädtischen Trubels: Goethes Gartenhaus an der Ilm (Öffnungszeiten: April–Okt. Mi–Mo 10–18, Nov.–März 10–16 Uhr).

94 DIE WEINSTRASSE
1 800 Sonnenstunden für den Rebensaft

Aufgereiht wie Perlen an einer Kette präsentieren sich die Orte der Weinstraße, und hier stimmt die etwas abgenutzte Metapher wirklich einmal. Denn um jene Perlen der Natur, die man Trauben nennt, dreht sich hier alles. Kein Dorf, das nicht seine eigene Weinkönigin krönte, keine Hauptstraße, die sich nicht mit weinumrankten Arkaden schmückte. Und draußen auf der Flur stehen die Rebstöcke zu Millionen in Reih und Glied.

Wer die steilen Weinberge an Mosel oder Saar gewohnt ist, findet hier in der Pfalz einen gänzlich anderen Weinanbau. Die Weinstraße nämlich liegt eingebettet in eine bis zu 15 km breite Ebene zwischen dem Pfälzerwald und der Oberrheinischen Tiefebene. Das große Plus der Region, die nicht umsonst auch als „Deutsche Toscana" bezeichnet wird: 1 800 Sonnenstunden pro Jahr.

Im Gegensatz zu vielen anderen Motto-Straßen ist die dem Wein gewidmete recht überschaubar und kann sogar per Fahrrad (auf dem parallel verlaufenden Radweg Deutsche Weinstraße) an einem Tag bewältigt werden. Die 85 km lange Reise beginnt im Norden mit dem Haus der Deutschen Weinstraße. Das 1995 eingeweihte, äußerlich an ein Römerkastell erinnernde Gebäude überspannt die Straße wie ein Eingangstor. Deutlich imposanter kommt allerdings sein Pendant im Süden daher. In Schweigen-Rechtenbach, direkt an der französischen Grenze, steht als Abschluss der Tour das Deutsche Weintor. Das massive, 18 m hohe Bauwerk in neoklassizistischem Gewand wurde 1936 errichtet, in der Zeit des Nationalsozialismus also. Ein Jahr zuvor war von den Nazis die „Deutsche Weinstraße" ausgerufen worden. Zum einen sollte damit die seit der Wahnsinnsernte von 1934 unter Preisverfall leidende Weinwirtschaft angekurbelt werden. Zum anderen jedoch wurde hiermit auch antifranzösische Propaganda betrieben: Die Einweihungsrede des Gauleiters Josef Bürckel trug den Titel „Kampf und Volk – Wein und Wahrheit".

Heutzutage ist von diesem Irrsinn nichts mehr zu spüren. Hier blühen keine xenophoben Fantasien, sondern im Herbst die Weinreben und im Frühjahr – ja, genau – die Mandelbäume.

ADRESSE: Zwischen 67278 Bockenheim und 76889 Schweigen-Rechtenbach, → *www.deutsche-weinstrasse.de*
TIPP: Direkt am Deutschen Weintor beginnt der älteste deutsche Weinlehrpfad.

95 DER WESTWALL
„Vom Denkmalwert des Unerfreulichen"

950 000 Festmeter Holz, 1,2 Mio. t Stahl, 8 Mio. t Zement und 20,5 Mio. t Kies und Sand: Allein die Materialmengen, die hier verbaut wurden, grenzen ans Unvorstellbare. Der Westwall, errichtet zwischen 1938 und 1940, war das größte Befestigungsprojekt der Nazizeit. Über 630 km ziehen sich die rund 18 000 Anlagen von der niederländischen Grenze im Norden bis zur schweizerischen im Süden.

Die allermeisten Befestigungswerke wurden zerstört oder verfielen. Die bis heute gepflegten Relikte tragen den „Denkmalwert des Unerfreulichen", wie die Befürworter des Erhalts es formulieren. In außergewöhnlich gutem Zustand präsentiert sich etwa das Panzerwerk Katzenkopf, das heute als Westwallmuseum Irrel zu besichtigen ist. Es verfügt über drei unterirdische Etagen mit insgesamt 45 Räumen. Ausgelegt waren sie für eine Besatzung von 84 Mann. Wer sich in dieses Labyrinth aus Stahl und Beton begibt, taucht ein in eine bergesfeuchte, Klaustrophobie erzeugende Enge – beinahe hat man das Gefühl, der Frieden hier sei bis heute trügerisch. Damals muss es dort unten zudem durchdringend nach Diesel gestunken haben, denn zwei mit diesem Treibstoff betriebene Stromaggregate versorgten Tag und Nacht die mehr als 60 Lüfter- und Wasserpumpenmotoren des Verlieses. Von der „Siegfriedlinie" erhalten geblieben sind auch einige Abschnitte der ehemaligen Panzersperren, zum Beispiel an der L233 zwischen Lichtenbusch und Siel im Aachener Raum. Mitten durch die Viehweiden ziehen sich dort zahlreiche Höckerlinien, die für die schweren amerikanischen Panzer gegen Ende des Krieges allerdings kein großes Hindernis mehr darstellten. Heute wirken sie wie verwitterte Grabsteine.

In noch stärkerem Kontrastgelände steht der Bunker 20 im saarländischen Dillingen-Pachten. Das A-Werk mit seinen 3,50 m dicken Decken war Ende 1944 Schauplatz erbitterter Gefechte. 49 t wiegt allein die aus dem Boden ragende Kuppel des Turms, aus dessen sechs Schießscharten einst tödliches MG-Feuer drang. Heutzutage jedoch erfüllt der Koloss einen gänzlich anderen Zweck: Auf dem Areal eines Spielplatzes liegend, dient er den Kindern als Klettergerüst.

ADRESSE: 54666 Irrel, Auf dem Katzenkopf (ein Berg), → *www.westwallmuseum-irrel.de*; 66763 Dillingen-Pachten, Annastraße (am Spielplatz), → *www.westwallmuseen-saar-mosel.eu*
ÖFFNUNGSZEITEN: Irrel: April – 3. Okt. So u. Feiertage 14 – 17 Uhr und nach Vereinbarung: Tel. 06525/492; Dillingen: 1. u. 3. So im Monat, 14 – 18 Uhr und nach Vereinbarung: 0177/2972845
TIPP: Unter dem Stichwort „Westwall" finden Internet-Suchmaschinen zahlreiche detaillierte Homepages zum Thema (→ z. B. *www.westwall.org*).

96 DIE WISMARER ALTSTADT
Hansestadt und Backsteingotik

Eine Stadt, ganz dem Wasser zugewandt: Wismar liegt an der Spitze der gleichnamigen Ostseebucht, perfekt geschützt vor Wellen und Wind durch die wie ein Pfropfen vorgelagerte Insel Poel. Wo heutzutage die Touristen ihre Fischbrötchen direkt vom Kutter kaufen, hatte einst alles angefangen. Auch heute noch vermittelt der Alte Hafen ein Bild jener Zeiten, da Wismar ein einflussreiches Mitglied der Hanse war. Wie die ausgestreckten Finger einer Hand ragen die übrigen Kais, der West-, Übersee- und Kali-Hafen ins Land.

Seine Bedeutung für den internationalen Schiffshandel verlor Wismar auch zu DDR-Zeiten nicht. Per Dekret stieg die Stadt seinerzeit gar zum zweitgrößten Ostseehafen nach Rostock auf. Und mit den gelungenen Renovierungsarbeiten der Nachwendezeit entwickelte sich neben der Wasserwirtschaft der Tourismus zum zweiten Standbein der Stadt.

Die engen, historisch homogen gebliebenen Gassen werden romantisch ergänzt von der Stadtgrube, einem künstlichen Wasserlauf. Aber so ein Gang vom exakt 100 x 100 m großen Marktplatz zum Hafen führt auch vorbei an den weniger schönen Spuren, die die Zeitläufe hinterließen. Wismars Bevölkerung sank seit der Maueröffnung um rund 14 000 Menschen, nicht wenige Häuser stehen seither leer und verfallen. Auch das Erbe der Nazizeit ist noch weithin sichtbar, man betrachte nur die Kirche St. Marien, einst ein Paradebeispiel für norddeutsche Backsteingotik. Im Krieg schwer beschädigt, folgte 1960 die völlige Wegsprengung des Schiffs, sodass lediglich der 82,5 m hohe Turm im Stadtbild verblieb.

Kaum Schaden litt hingegen die ebenfalls sehenswerte Nikolaikirche, die zudem direkt an der Grube liegt. Die von steinernen Mauern eingefasste Wasserstraße unterquert kurz vor dem Hafen das auf Jochen ruhende „Gewölbe". Auch dieses ungewöhnliche Bauwerk steht in direktem Zusammenhang mit der Wismarer Seefahrt- und Handelsvergangenheit. Denn hier saßen ab dem 17. Jh. die sogenannten Weinherren des städtischen Ratskellers. Ihre höchst wichtige Aufgabe: die Prüfung des im Hafen angekommenen Rebensaftes.

ADRESSE: 23966 Wismar, → *www.wismar.de* **TIPP:** Zum Welterbe wurde die Wismarer Altstadt zusammen mit der von Stralsund, ebenfalls an der Ostseeküste gelegen (s. S. 70).

97 DIE WÜRZBURGER RESIDENZ
Fresken, Spiegel und Kaminschirme

In dieses Barockschloss konnte man mit der Kutsche fahren. Drei übergroße Tore ermöglichten den Fürstentransport bis ins Treppenhaus, wo wiederum flache Stufen der wenig ergonomischen Mode der Zeit entgegenkamen. Die Besucher unserer Tage laufen hier per pedes auf, aber der Effekt bleibt der gleiche. Dieses ausladende Treppenhaus mit seiner 540 qm großen, freitragenden Kuppel bietet einen überwältigenden Anblick. Gekrönt wird er von den Deckenfresken des Giovanni Battista Tiepolo (1696–1770). Ab 1750 arbeitete der venezianische Maler hier an einer teils allegorischen, teils geradezu humorig-comicartigen Darstellung der vier Kontinente Europa, Amerika, Afrika und Asien. Hier wie auch im Kaisersaal des Schlosses zeigt sich Tiepolo auf dem Höhepunkt seines Schaffens. Sein Spiel mit der Perspektive, mit der Illusion der Dreidimensionalität gipfelt in malerisch-plastischen Symbiosen: Mehrfach wachsen etwa Details eines Bildes skulptural aus diesem heraus und in den Raum hinein. Wer in Würzburg Nackenschmerzen bekommt, verdankt das Tiepolo.

Erbaut wurde die Würzburger Residenz in der ersten Hälfte des 18. Jh. als Sitz der Fürstbischöfe. Aber auch die weltlichen Herrscher hatten hier ihr Domizil, in dem sie zum Beispiel auf dem Weg zur Kaiser- und Königswahl nach Frankfurt nächtigten. Als die UNESCO 1981 den gesamten Komplex zum Welterbe erklärte, stand das kaiserliche Spiegelkabinett im Obergeschoss ganz besonders im Fokus. Hierbei handele es sich, so die Jury, um „das vollkommenste Raumkunstwerk des Rokoko". Jenseits dieser prachtvoll verspielten Spiegelwelt lernt man in den Kaiserzimmern auch noch so manches über das richtige Leben: dass zum Beispiel die Wandteppiche der Audienzzimmer möglichst detailreiche Szenen darstellen sollten, um den Wartenden die Zeit zu verkürzen. Den heutigen Betrachter erinnern diese prallvollen Welten an Wimmelbilder, wie man sie aus dem Kinderzimmer kennt. Und wie es in den kaum beheizbaren Gemäuern gelang, dem Regenten stets einen warmen Hintern zu bescheren, wird ebenfalls vorgeführt. Steht hier doch an jedem Kamin ein Schirm, der die Wärme direkt von der Feuerquelle zum Thron leitet.

ADRESSE: 97070 Würzburg, Residenzplatz 2, → *www.residenz-wuerzburg.de* **ÖFFNUNGSZEITEN:** April–Okt. 9–18, Nov.–März 10–16.30 Uhr **TIPP:** Im versteckten Lusamgärtchen hinter dem Würzburger Dom liegt das Grabdenkmal für einen der ersten großen Dichter aus deutschen Landen: Walther von der Vogelweide.

98 DIE ZECHE ZOLLVEREIN
Ein Denkmal für das Schwarze Gold

„Zollverein": ein seltsamer Name für ein Bergwerk. Aber als hier 1851 die erste Kohle gefördert wurde, existierte seit 17 Jahren jene „Zollverein" genannte Gemeinschaft, die unter preußischer Führung einen deutschen Binnenmarkt etablieren sollte. Das Bündnis umfasste weite Teile des späteren Deutschen Reiches, unter anderem auch jenen Landstrich, den man irgendwann „Ruhrgebiet" nennen sollte.

Die Zeche Zollverein entwickelte sich bald zum größten und leistungsstärksten Kohlebergwerk der Welt. Noch heute gibt das Gelände Zeugnis von der enormen Ausbeute, die hier in Sachen Schwarzes Gold gemacht wurde. Nicht zuletzt sind es dabei die Gebäude selbst, die Eindruck machen. Die Essener Zechenbauten, das erkennt auch der Laie, wurden vom Bauhaus inspiriert, hier dominiert schlichte, funktionale Eleganz im Backsteingewand. Trotz der vielen Besucher herrscht eine ungewöhnliche, atmosphärische Ruhe. Die Zeche wurde 1986 stillgelegt und präsentiert sich inzwischen so herausgeputzt, dass man darüber beinahe ihren industriellen Hintergrund vergisst.

Das imposanteste Gebäude des Areals findet sich auf dem Gelände von Schacht 7. Die ehemalige Kohlenwäsche misst 91 m in der Länge, 45 in der Höhe und wird durch eine fast 60 m lange, steile Rolltreppe erschlossen. Ihre ursprüngliche Funktion ergibt sich aus dem Namen: Hier wurde die Kohle von Gestein und anderen Materialien getrennt.

Heutzutage befinden sich dort auf verschiedenen Ebenen die Ausstellungen des Ruhrmuseums. Wer den gesamten Komplex abschreitet, wird ihn umfassend informiert wieder verlassen. Das Museum offeriert einen kompletten Überblick zur Geschichte des Ruhrgebiets – das Land, die Leute, ihre Schrebergärten, Trinkhallen und Fußballplätze. Besonders apart wirken die schlanken, hohen Vitrinen auf der 17-m-Ebene, in denen Alltagsgegenstände ehemaliger Pott-Bewohner samt ihren kleinen, ein Leben prägenden Geschichten präsentiert werden. Internationaler Höhepunkt: jene chinesischen Bierflaschen namens Hans, die einem Ruhrpötter Brauer gewidmet sind.

ADRESSE: 45309 Essen, Gelsenkirchener Straße 181, → *www.zollverein.de*
ÖFFNUNGSZEITEN: tägl. 10–19 Uhr **TIPP:** Ein Großteil des Koks wanderte in die Stahlproduktion, insofern besteht ein thematischer Zusammenhang zur Villa Hügel der Stahlmagnaten-Familie Krupp im Essener Süden (s. S. 192).

99 DAS ZEPPELINFELD
Löwenzahn auf dem Reichsparteitagsgelände

Hier platzt ein Steinbrocken ab, dort wächst Unkraut aus den Fugen, und da oben wurden die Türme wegen Baufälligkeit bereits zur Hälfte abgetragen: Hitlers monumentales Reichsparteitagsgelände (RPG) am Nürnberger Stadtrand wirkt inzwischen arg ramponiert.

Früher einmal war hier Platz für 320 000 Menschen. Auf dem Zeppelinfeld wurden die Reichsparteitage der NSDAP abgehalten, ebenso der jährliche „Tag der Wehrmacht", der „HJ", „SS und SA" und so weiter. Bei der Planung für die 360 m lange und 20 m hohe Haupttribüne orientierten sich Hitlers Leibarchitekt Albert Speer und seine Assistenten am antiken Pergamonaltar. Hier wie umlaufend auf allen Tribünen standen Dutzende von Türmen für Fahnenmasten und Illuminationen. Der sogenannte „Lichtdom" aus starken, senkrecht gen Himmel gerichteten Flak-Scheinwerfern, erstmals während der Olympischen Spiele in Berlin präsentiert, wurde auch hier in Nürnberg installiert.

Zeitgeschichtlich unterfüttert werden die Eindrücke im nördlich angrenzenden Dokumentationszentrum Reichsparteitagsgelände. Untergebracht ist es im Gemäuer der nie fertiggestellten Kongresshalle des Areals. Geplant als fast 70 m hohes Kolosseum, sollten hier ursprünglich 50 000 Menschen unterkommen. Heutzutage wird man in Form eines Rundganges durch die Geschichte der NSDAP im Allgemeinen sowie die des RPG im Besonderen geleitet. Historische Filmaufnahmen, Architekturmodelle und Animationen dokumentieren die Gigantomanie, die hier waltete, und ebenso deren Scheitern im Detail.

Als 1945 die Amerikaner anlangten, sprengten sie als Erstes das die Haupttribüne krönende Hakenkreuz von seinem Sockel. Und auch der Blick hinunter von Hitlers als Altar inszenierter Rednerkanzel bietet inzwischen nicht mehr die pathetische Weite von einst. Das Zeppelinfeld, wie es wegen der Landung eines solchen Luftschiffes 1909 getauft wurde, ist längst parzelliert. Bevor man die jenseitigen Tribünen erspäht, schaut man zunächst auf so profane Erscheinungen wie Baumreihen, Fußballfelder und einen Verkehrsübungsplatz.

ADRESSE: 90478 Nürnberg, Zeppelinstraße (Haupttribüne) bzw. Bayernstraße 110 (Doku-Zentrum), → www.museen.nuernberg.de/dokuzentrum
ÖFFNUNGSZEITEN: Doku-Zentrum: Mo–Fr 9–18, Sa u. So 10–18 Uhr **TIPP:** Wer sich für die deutsche Geschichte jenseits der zwölf Nazijahre interessiert, der besuche das ebenfalls in Nürnberg beheimatete Germanische Nationalmuseum (s. S. 68).

100 DIE ZUGSPITZE
Deutschlands höchster Gipfel

Wenn am Eibsee die Seilbahn gen Zugspitze startet, ist die Stimmung an Bord verhalten. Es wird geflüstert, vielleicht lacht einmal jemand nervös auf. Die Gesichter wirken angespannt, und immer wieder geht der Blick nach oben. Denn eines ist allen klar: Wer gleich in diese Gondel steigt, der hat 2 000 Höhenmeter zu überwinden und befindet sich dabei bis zu 240 m über dem Abgrund. Recht massiv sehen sie aus, die Zugseile. Und TÜV-geprüft sind sie allemal. Gemein ist allerdings, dass sie im Nichts zu enden scheinen, denn gegen den grauen Felsen ist ihr weiterer Verlauf nicht auszumachen.

An einem sommerlichen Tag verblüfft die Zugspitze mit dem beinahe gänzlichen Fehlen ewigen Eises. Die Fahrt führt über helle Geröllhalden, grottenartige Felsspalten und einige wenige schmutzig weiße Schneefelder. An jedem Stützpfeiler kommt die Gondel kurz ins Ruckeln und schlägt seitlich aus, was ein paar spitze Schreie nach sich zieht. Aber bevor hier echte Panik aufkommen kann, ist auch schon alles überstanden. Nach gerade einmal acht Minuten heißt es „Aussteigen" – in 2 962 m Höhe!

Die weitläufige Aussichtsplattform der Zugspitze ermöglicht dem Besucher einen regelrechten Rundgang durch die Alpen. Bei klarem Wetter sieht man Berge bis zum Horizont, ihre Namen erfährt man durch die Schautafeln am Geländer. Zum erhabenen Blick in die Weite gesellt sich der schaurige in die Tiefe. Wie eine Mondlandschaft liegt das Zugspitzplatt im Süden, während sich nördlich der tiefgrüne Eibsee ausbreitet. Wer den Nervenkitzel noch steigern möchte, der sollte sich den kurzen, aber halsbrecherischen Trip bis zum goldenen Gipfelkreuz antun. Die eisernen Stiegen wurden direkt in den nackten Fels gebohrt, allein der Anblick ist schwindelerregend.

Der Biergarten dort oben wirbt damit, dass er der höchste seiner Art sei. Das mag sein, und ein ganz besonderer ist er sowieso. Aber irgendwo da hinten im Osten lugt der Großglockner über die Wolken und erinnert einen daran, dass alles relativ ist. Der österreichische Riese reicht nämlich noch gut 800 m näher an den Himmel.

ADRESSE: Zugspitze, am Eibsee bei 82491 Grainau, → *www.zugspitze.de*
ÖFFNUNGSZEITEN: Eibsee-Seilbahn und Zahnradbahn verkehren vom Eibsee aus zwischen 8 und 16.45 Uhr (s. → *www.zugspitze.de.*). **TIPP:** Eine weitere Attraktion der Region ist die Aussichtsplattform Alpspix, die acht Meter über den rund 1 000 m tiefen Abgrund der Alpspitze ragt (s. ebenfalls → *www.zugspitze.de*).

101 DER ZWINGER
Glockenklang und Alte Meister

Der Dresdner Zwinger ist ein seltsames Gebilde. Im Grunde könnte man von einem umbauten Garten oder Park sprechen. Nahtlos reihen sich die einzelnen Gebäudeteile aneinander, und man wird den Eindruck nicht los, hier fehle lediglich die alles überspannende, riesige Glaskuppel zur Vereinigung. Trotz aller prachtvollen Details haftet dem Zwinger etwas Vorläufiges, Unfertiges an.

Betrachtet man die Baugeschichte, dann wird klar, dass hier tatsächlich etwas fehlt: das Schloss, dessen Vorhof diese Anlage an der Elbe eigentlich hatte bilden sollen. Wo sich heute der Semperbau mit der weltberühmten Gemäldegalerie Alte Meister erstreckt, stand bis Mitte des 18. Jh. lediglich eine provisorische Mauer als Mahnmal des aufgegebenen Schlossprojektes. Seinerzeit hatte der kunstsinnige Kurfürst Friedrich August II. seine wachsende Gemäldesammlung noch in einem ehemaligen Stallgebäude am Dresdner Neumarkt untergebracht. Inzwischen jedoch gilt dieser Querschnitt durch die europäische, vor allem die italienische Malerei des 15.-18. Jhs. als eine der bedeutendsten Kollektionen der Welt. Markiert Raffaels Sixtinische Madonna den künstlerischen Höhepunkt, so sind die großformatigen Gemälde Canalettos nicht zuletzt stadthistorisch interessant. Der als Bernardo Bellotto geborene Venezianer (1722-80) lebte erstmals 1747 für elf Jahre in Dresden. Seine realistischen Veduten, also Stadtansichten, vermitteln ein lebendiges Bild der Elbmetropole im 18. Jh. Allen voran: Das Gemälde „Dresden vom rechten Elbufer unterhalb der Augustusbrücke" von 1748.

Während die Gemäldegalerie erst 1855 eingeweiht wurde, war der barocke Wallpavillon im Norden des Areals bereits 1715 vollendet. Fast genauso alt ist der Glockenspielpavillon – der vielleicht touristisch höchstfrequentierte Gebäudeteil des Zwingers. Die 40 frei unter der zentralen Uhr hängenden Glocken bestehen nicht wie andernorts aus Metall, sondern aus schneeweißem Meißener Porzellan. Wer ihres nächsten Auftritts harrt, braucht nie lange zu warten. Denn die Stundenschlagmelodien des Dresdner Komponisten Günter Schwarze ertönen alle 15 Minuten.

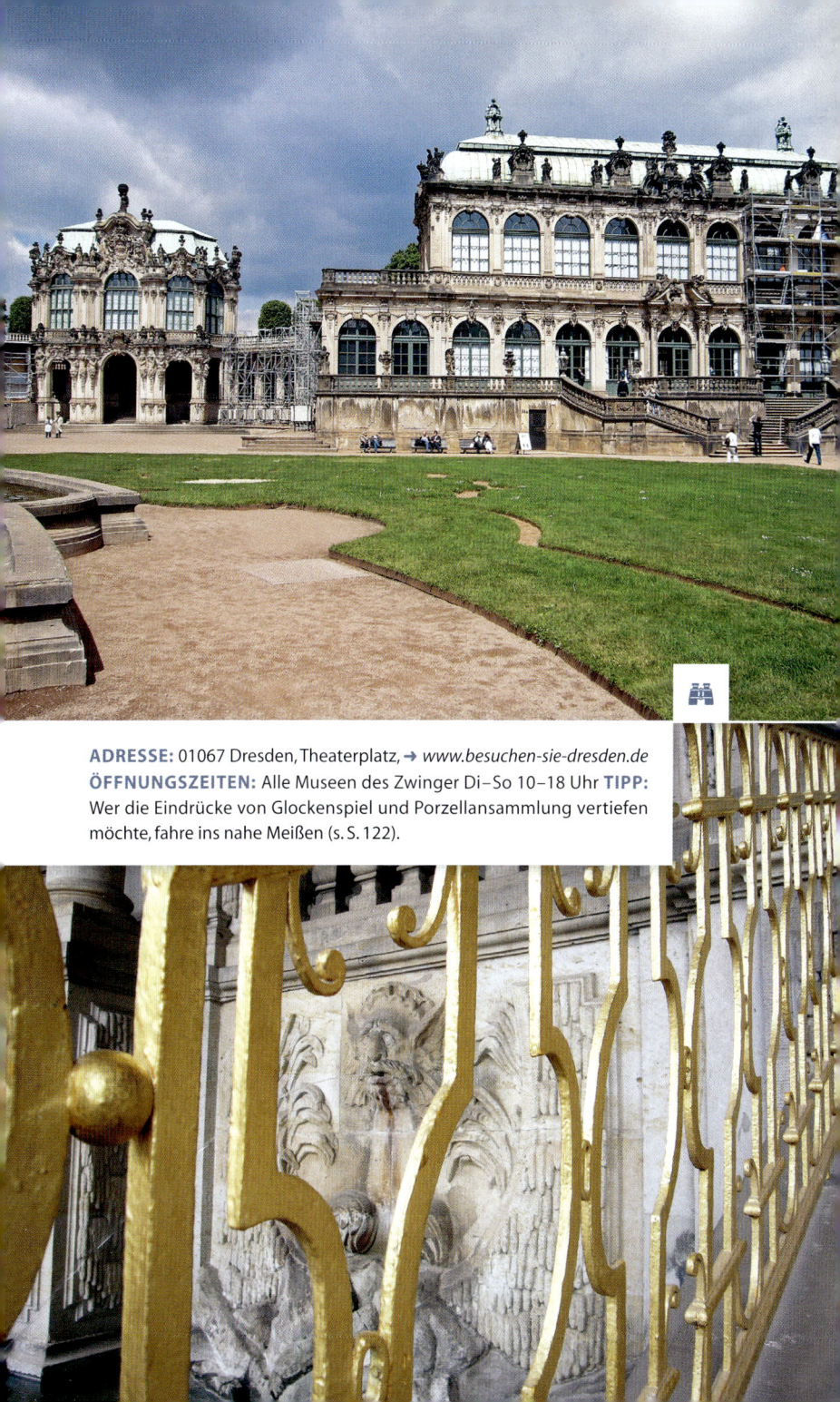

ADRESSE: 01067 Dresden, Theaterplatz, → *www.besuchen-sie-dresden.de*
ÖFFNUNGSZEITEN: Alle Museen des Zwinger Di–So 10–18 Uhr **TIPP:** Wer die Eindrücke von Glockenspiel und Porzellansammlung vertiefen möchte, fahre ins nahe Meißen (s. S. 122).

Der Autor
Bernd Imgrund, geboren 1964, arbeitet als Autor und Journalist. Er schrieb u.a. eine Kulturgeschichte des Skatspiels („Das Skat-Lesebuch") sowie die Romane „Fränki" und „Quinn Kuul". Ebenfalls von ihm stammen der satirische Reiseführer „Ölle – die Stadt am Niehr" sowie die Bücher „Kölner Sammelsurium", „111 Kölner Orte, die man gesehen haben muss" (Band 1 u. 2) und „111 Kölner Kneipen, die man kennen muss". Zuletzt erschienen: „Tausend verrückte Tischtennis-Tatsachen".
Bernd Imgrund lebt in Köln, wo er auch geboren wurde.

Danksagung
Für Tour-Begleitung und Mithilfe an diesem Buch bedanke ich mich bei Peter Perl und Barbara Thoben.

Bildnachweis
S. 19 o./u.: *Stiftung Bundeskanzler-Adenauer-Haus*; 29: *Frank - Fotolia.com*; 31: *digi_dresden - Fotolia.com*; 37: *view7 - Fotolia.com*; 39 o.: *mik ivan - Fotolia.com*; 41: *Imagemaker - Fotolia.com*; 43 o.: *oceanica - Fotolia.com*; 43 u.: *clearlens - Fotolia.com*; 49 o.: *E. Schittenhelm - Fotolia.com*; 59 u: *Tom Bayer - Fotolia.com*; 61 o.: *Farina gegenüber dem Jülichs-Platz GmbH*; 65: *AlexCher - Fotolia.com*; 69 o.: *G. Janßen/GNM*; 69 u.: *J. Musolf/GNM*; 75 u.: *Otto Durst - Fotolia.com*; 87 o./u.: *Martin Magunia/Haus der Geschichte der Bundesrepublik Deutschland*; 91 u.: *Landesamt für Denkmalpflege und Archäologie Sachsen-Anhalt, Juraj Lipták*; 95 o./u.: *BBMC Tobias Ranzinger*; 97: *kameraauge - Fotolia.com*; 103: *c - Fotolia.com*; 105: *Rico K. - Fotolia.com*; 119: *Phoenixpix - Fotolia.com*; 123 o./u.: *Porzellanmanufaktur Meißen®*; 125 o./u.: *Nationalparkamt Müritz*; 127 o.: *Atelier Tesar/Staatliche Museen zu Berlin*; 127 u.: *Maximilian Meisse/Staatliche Museen zu Berlin*; 131: *Joel Carillet/istockphoto*; 135: *Ellie Nator - Fotolia.com*; 137 o.: *Nürburgring Automotive GmbH*; 137 u.: *Michael Schröter*; 139: *Matias Roskos/www.ich-in-garmisch-partenkirchen.de*; 144 o.: *Peter Müller/Universität Marburg*; 144 u.: *Markus Farnung/Universität Marburg*; 155: *Michael Rosskothen - Fotolia.com*; 161 o.: *YellowSummer - Fotolia.com*; 161 u.: *XJ6652 - Fotolia.com*; 171 o./u.: *Literaturmuseum der Moderne Marbach*; 175: *Ralf Gosch - Fotolia.com*; 187: *picture-pit - Fotolia.com*; 189: *Hilde Jensen/Universität Tübingen*; 193 o.: *Udo Kruse - Fotolia.com*; 193 u.: *GordonGrand - Fotolia.com*; 199 o./u.: *Wartburg-Stiftung Eisenach*; 201: *I-pics - Fotolia.com*; 211: *saschasabath - Fotolia.com*; Alle anderen Fotos: *Barbara Thoben und Bernd Imgrund*